La CIA, Camarena y Caro Quintero

J. JESÚS ESQUIVEL

La CIA, Camarena y Caro Quintero

La historia secreta

Grijalbo

La CIA, Camarena y Caro Quintero
La historia secreta

Primera edición: septiembre, 2014

D. R. © 2014, J. Jesús Esquivel

D. R. © 2014, derechos de edición mundiales en lengua castellana:
Penguin Random House Grupo Editorial, S.A. de C.V.
Blvd. Miguel de Cervantes Saavedra núm. 301, 1er piso,
Colonia Granada, delegación Miguel Hidalgo, C.P. 11520,
México, D.F.

www.megustaleer.com.mx

Comentarios sobre la edición y el contenido de este libro a:
megustaleer@penguinrandomhouse.com

ISBN 978-607-312-569-7

Impreso en México / *Printed in Mexico*

Índice

Introducción

Desde ese 7 de febrero de 1985, cuando fue secuestrado, torturado y ejecutado en Guadalajara Enrique *Kiki* Camarena, agente de la Administración Federal Antidrogas (DEA, por sus siglas en inglés), las palabras *narcotráfico* y *narcotraficante* se integraron al argot de las actividades criminales en México.

El homicidio de este agente antinarcóticos estadounidense fue en Washington el parteaguas a partir del cual la presión sobre el gobierno de nuestro país se conduciría por medio de las amenazas de denunciar, acusar y señalar casos de corrupción por narcotráfico entre las autoridades, policías, militares y políticos mexicanos de los tres niveles de gobierno.

El caso de *Kiki* Camarena abrió la caja de Pandora y, con ello, la podredumbre de la corrupción por narcotráfico que corroía a una sociedad que a mediados de los años ochenta del siglo pasado consideraba el consumo de drogas como un problema exclusivo de los estadounidenses, si acaso tan sólo de algunos mexicanos "rebeldes" que recibían el coletazo de la influencia del norte por el rocanrol y el movimiento hippie.

Durante varios meses, en ese 1985 los medios de comunicación de México y Estados Unidos desplegaron amplios reportajes sobre el asesinato del agente de la DEA y sus presuntos ejecutores, hechos noticiosos entre los que surgió de manera relevante la figura e imagen del narcotraficante mexicano: el jefe de un grupo criminal que trasegaba drogas, capaz de darle órdenes a generales y comandantes policiacos y de influir sobre el propio presidente de México mediante políticos perfumados que se encontraban en su nómina de pagos; un capo tan sanguinario que se atrevía, ante el atractivo de los dólares, a mandar matar a un amigo o cualquier miembro de su propia familia.

Rafael Caro Quintero, un norteño joven, alto, bragado, presumido y mujeriego, ataviado con camisa de seda (abierta siempre a la altura del pecho para mostrar las gruesas cadenas de oro), pantalón de mezclilla con cinturón ancho y botas vaqueras, apareció como el primer narcotraficante mexicano de talla internacional. Su único "mérito" fue haber desafiado a Estados Unidos dándole muerte a *Kiki* Camarena.

Aunque en la estructura de poder del cártel de Guadalajara Caro Quintero tal vez no era el verdadero "capo de capos", su estampa e imagen, gracias a su temperamento y desenfrenado comportamiento y a su modus operandi, se perpetuó como el estereotipo de los jefes del crimen organizado mexicano.

Aunque Estados Unidos también señaló a Ernesto Fonseca Carrillo, *don Neto*, Miguel Ángel Félix Gallardo, Manuel Salcido Uzeta, *el Cochiloco*, y Juan José Esparragoza Moreno, *el Azul*, socios en ese cártel del occidente de México, como coautores y responsables de la muerte de Camarena, su lugar en las actividades del narcotráfico en México no es justamente el más preponderante de esa época. Rafael Caro Quintero los opacó.

La muerte de Camarena a manos de narcotraficantes desató en México una persecución policial de Estados Unidos de una magnitud increíble; dicha acción sólo resulta comparable con la orden que el presidente Woodrow Wilson le dio al general John J. Pershing el 14 de marzo de 1916 para que, al frente de un pelotón de 4 mil 800 soldados, entrara en México a buscar y detener o matar al "bandolero" conocido como *el Centauro del Norte*, el general Francisco Villa.

Desde 1985 mucho se ha escrito sobre la historia de Camarena y Caro Quintero en periódicos, revistas y libros, tanto en Estados Unidos como en México. También se han realizado documentales, se han filmado películas y se han hecho reseñas en la televisión y la radio. Incluso puede afirmarse que en México este famoso episodio dio origen a los que ahora conocemos como narcocorridos. También es posible que entre todos los crímenes del narcotráfico en México sea el que más resonancia ha tenido internacionalmente, o al menos se encuetra entre los primeros de esta categoría.

El objeto de este libro es aportar información, datos, momentos y nombres sobre el caso Camarena para ayudar a entender la problemática, las consecuencias y las perspectivas de la trágica relación de amancebamiento existente entre México y Estados Unidos por la producción, el tráfico, la demanda y el consumo de drogas.

Los testimonios de tres protagonistas que integraron las filas policiacas o criminales que rodearon a Caro Quintero y demás capos del cártel de Guadalajara, y del principal agente e investigador de la DEA a cargo de esclarecer el homicidio de Camarena, Héctor Berrellez —cuyo trabajo resultó en la extradición, proceso judicial y encarcelamiento de algunos de los implicados—, pueden ser las piezas que hacían falta para completar el rompecabezas.

Para cualquier consulta o duda, las declaraciones de estos cuatro personajes que aquí se reproducen están grabadas, en poder del autor y de la casa editorial.

Las horas de entrevista, que pasaron a ser días, con Berrellez, José 1, José 2 y J33 —a estos tres últimos se los identificará así en este libro por razones de seguridad—, significan desde el punto de vista periodístico un aporte importante para la verdad histórica de un caso criminal que sacudió a la sociedad de dos países.

Durante los reportajes, publicados desde 2013 en el semanario *Proceso*, los entrevistados hacían afirmaciones que involucraban a la CIA en el caso de Camarena, las cuales alentaron la presente obra.

La historia, los mitos, los misterios y la ficción que rodean a la CIA, agencia de espionaje de Estados Unidos que por regla siempre desmiente lo que se escribe y dice de ella, aunque luego resulte ser verdad, dan ahora un giro muy importante a todo lo que se había revelado sobre el crimen del agente de la DEA en Guadalajara.

En 1988, tres años después del homicidio, la periodista estadounidense Elaine Shannon, en su libro sobre el caso del agente asesinado, *Desperados*, menciona a la CIA en varios de sus capítulos pero no va más allá: se concentra en exponer los vínculos de corrupción entre el cártel de Guadalajara y las autoridades, militares y policías de México.

Nunca de manera tan directa se había acusado a la CIA de estar ligada con el crimen de *Kiki* Camarena. Ésta es la primera ocasión en que lo denuncia un ex funcionario federal de Estados Unidos: Héctor Berrellez, secundado por personajes que aseguran haber visto interactuar a Caro Quintero, Félix Gallardo, Fonseca Carrillo, *el Cochiloco*, a militares, policías y funcionarios del gobierno mexicano con un operador que la CIA tenía en México en esos años: Félix Ismael Rodríguez, *el Gato*, o *Max Gómez*.

En su libro *El policía* (Grijalbo, 2013), Rafael Rodríguez Castañeda, director de *Proceso*, al hacer una biografía periodística de uno de los policías más sanguinarios y corruptos de la historia de México, Miguel Nazar Haro, pone en evidencia cómo por medio de los oscuros y misteriosos oficios de Max, existía una relación sanguínea entre la CIA y el crimen organizado mexicano.

No ha sido —ni será— el propósito de este libro ofrecerse como prueba de lo que verdaderamente ocurrió hace 29 años con *Kiki* Camarena. Es una semblanza sustentada en hechos relatados por protagonistas, cuyo único interés periodístico es aportar un grano de arena más a los hechos históricos de México y de Estados Unidos que no han podido esclarecerse.

Desde 2013, Rafael Caro Quintero es nuevamente fugitivo de la justicia mexicana (nunca ha dejado de serlo de la de Estados Unidos) y sus socios del cártel de Guadalajara —con excepción del *Cochiloco*—, siguen vivos. Ellos, además de muchos de los funcionarios, militares y policías a quienes señalan los cuatro entrevistados podrían ayudar a conocer lo que realmente sucedió aquella tarde del 7 de febrero de 1985 en Guadalajara, Jalisco.

1

Caro Quintero: "la impunidad de un criminal"

En la madrugada del viernes 9 de agosto de 2013, un automóvil de modelo reciente, oscuro, con placas del estado de Jalisco, se estacionó muy cerca de la puerta principal del reclusorio preventivo de Guadalajara. El conductor apagó las luces, pero dejó encendido el motor. Esperaba a alguien que saldría del penal de alta seguridad que forma parte del Complejo Penitenciario de Puente Grande. Cinco minutos antes de que las manecillas del reloj marcaran las 2 de la mañana, se abrió la puerta del reclusorio, de donde, caminando sin prisa, salió Rafael Caro Quintero.

"En ese momento el chofer del automóvil prendió las luces y Caro Quintero, como si lo tuviera bien ensayado, caminó hacia el coche, abrió la puerta y éste se alejó a toda prisa de la cárcel y se adentró en las calles de Guadalajara", se lee en uno de los informes, recolectados por la Procuraduría General de la República (PGR), de los testimonios de los pocos testigos de la liberación de uno de los primeros grandes capos del narcotráfico y el crimen organizado de México.

"Más o menos como a los 10 minutos de que Caro Quintero se fuera en el coche negro —acompañado por otras tres personas, entre ellos, presuntamente, su hijo Héctor— salió del reclusorio otro automóvil, repleto de policías del estado, para perseguirlo", se sigue leyendo el informe.

La búsqueda fue infructuosa. "Peinaron toda la zona y no lograron ubicarlo", se destaca en otro de los párrafos del informe que la PGR recopiló cinco horas después del famoso incidente.

La reacción del gobierno de Enrique Peña Nieto fue muy tardía. Caro Quintero recobraba la libertad y después de 28 años de reclusión, seguramente esta vez no permitiría que nunca más lo volvieran a meter tras las rejas de una celda.

Acusado y sentenciado a 40 años de cárcel por el secuestro, la tortura y el asesinato de Enrique *Kiki* Camarena, agente de la Administración Federal Antidrogas (DEA) de Estados Unidos, y del piloto mexicano Alfredo Zavala Avelar, Rafael Caro Quintero salía libre 12 años antes de cumplir su condena gracias a discrepancias jurídicas del mismo sistema que lo había castigado.

Con base en el recuento que hicieron varios funcionarios del gobierno mexicano seis meses después de la sonada liberación de agosto de 2013, los abogados de Caro Quintero supieron que ésta tendría lugar gracias al "amparo" que habían interpuesto ante el Primer Tribunal Colegiado en Materia Penal, con sede en el estado de Jalisco. Llevaban ya varios meses peleando la liberación, alegando interpretaciones equivocadas en el proceso.

El fallo emitido el 8 de agosto por el Segundo Tribunal Unitario del Tercer Circuito, también en Jalisco, al dar a conocer la resolución del amparo a favor de Caro Quintero: causa penal 82/25-II, determinó "sobreseimiento" del caso.

Según el razonamiento de los integrantes del primer tribunal: José Félix Dávalos, Lucio Lara Martínez y Rosalía Isabel Moreno Ruiz, la presencia y las actividades de Camarena en el territorio mexicano como agente de la DEA representaban una violación a la soberanía nacional por razón de que no estaba acreditado ante la Secretaría de Relaciones Exteriores (SRE) como personal diplomático del gobierno de Estados Unidos; de tal forma que quien fuera secuestrado, torturado y asesinado el 7 de febrero de 1985 junto con Zavala Avelar, no tenía, ni estaba autorizado para ostentarlo, pasaporte diplomático de color negro.

"*Kiki* portaba —explica Héctor Berrellez, ex agente de la DEA, supervisor, durante siete años, de la Operación Leyenda, la investigación secreta creada y dirigida por el gobierno de Estados Unidos para indagar y esclarecer el homicidio, y detener y castigar a todos los involucrados—, como todos los demás agentes de la DEA que estaban en esos años en México, una credencial enmicada y firmada por Bernardo Sepúlveda Amor [a la sazón secretario de Relaciones Exteriores], con la cual se les reconocía como personal diplomático de los consulados de Estados Unidos en México."

Para el primer tribunal no dejaba lugar a dudas el hecho de que la inmunidad diplomática del agente de la DEA carecía de validez; de ahí que diera por concluidas las acusaciones de privación ilegal y delito calificado en agravio de Camarena y Zavala Avelar contra Rafael Caro Quintero por las que en junio de 2009 fue sentenciado. Consideró, porque Camarena no era diplomático, que hubo "error procesal" en el caso. La misma justicia que, junto con otro capo del narcotráfico y fundador del cártel de Guadalajara, Ernesto Rafael Fonseca Carrillo, *don Neto*, había condenado a Caro Quintero, lo dejaba en libertad en la madrugada de ese viernes 9 de agosto.

El argumento para justificar la liberación de Caro Quintero establece que, por razones de fuero, no le competía a un tribunal federal, sino a la justicia local, procesar ni juzgar este tipo de delitos. En otras palabras, el tribunal resolvió que el caso Camarena-Caro Quintero era jurisdicción del estado de Jalisco.

El fallo, que sacudió y enfureció a la DEA y al gobierno de Estados Unidos, descalificó la sentencia que en junio de 2009 emitió contra Caro Quintero el Juzgado Cuarto de Distrito en Materia Penal, el mismo que en circunstancias jurídicas idénticas y por los mismos cargos condenó a *don Neto* a pasar cuatro décadas en una celda.

El tribunal colegiado concedió la orden de liberación inmediata de Caro Quintero tomando en cuenta, además, que el reo ya había purgado 15 años de prisión por delitos contra la salud en lo que se refiere a la absolución del cargo de privación ilegal de la libertad de unos 4 mil trabajadores en el rancho conocido como El Búfalo, en el estado de Chihuahua, en el que los sembradíos de mariguana alcanzaban grandes extensiones. Aunado a esto, se le anuló el cargo por la acusación de los asesinatos de los ciudadanos estadounidenses Alberto Radelat y John Walker, ocurridos el 30 de enero de 1985.

De acuerdo con el parecer del tribunal, los delitos por los cuales se acusó a Caro Quintero no forman parte del auto de formal prisión porque el Ministerio Público Federal nunca sustentó ni demostró el cargo de asociación delictuosa que se le imputó al acusado.

La DEA y el gobierno de Estados Unidos vieron la victoria legal de Caro Quintero y sus abogados ante el sistema judicial mexicano como una puñalada por la espalda.

Con 61 años de edad, el cabello totalmente cano, obeso, enfermo como resultado de la vida desenfrenada que llevó hasta antes de ser capturado, Caro Quintero, en el mismo momento en el que legalmente salió de la cárcel, empezó a poner en marcha la estrategia planeada para desaparecer de la vista de los gobiernos de Estados Unidos y México. Él y sus abogados, sabedores de los vericuetos y la ambigüedad del sistema judicial mexicano, sabían que tarde o temprano la DEA doblegaría al gobierno de Peña Nieto para que se revirtiera la orden de su liberación, en esta ocasión incluso con fines de extradición a la Unión Americana.

La ley mexicana dice que a ninguna persona se le puede procesar, juzgar ni sentenciar dos veces por el mismo delito. Por eso, 12 horas después de la liberación de Caro Quintero, la DEA en Washington solicitó a la Corte Federal del Segundo Distrito Oeste, en el estado de California, que revisara minuciosamente el encausamiento contra el capo del cártel de Guadalajara.

Sin que al Departamento de Justicia le importara que los días 10 y 11 de agosto de 2013 fueran sábado y domingo, obligó a trabajar a los funcionarios de la representación de la PGR en la embajada de México en Washington para que los ayudaran a formular una solicitud de arresto contra Caro Quintero, ahora con fines de extradición, que de ninguna manera pudiera revertir o anular las leyes mexicanas.

El mismo día de la liberación de quien en 1985 fuera el narcotraficante mexicano más buscado en todo el mundo, un funcionario de la PGR que habló con el autor resumió de esta manera lo ocurrió en la madrugada de ese viernes 9 de agosto: "La liberación agarró totalmente desprevenida a la DEA, e inmediatamente, ante la sorpresa, se pusieron a la tarea de revisar el expediente. No podían solicitarlo en extradición por el secuestro, tortura ni asesinato de Camarena porque ya había sido juzgado y sentenciado por esos delitos. Querían que nosotros les dijéramos la causa penal más viable; estaban absolutamente desesperados".

Preso en un penal mexicano, Rafael Caro Quintero tenía sobre sí la espada de la justicia estadounidense, no obstante lo cual no figuraba siquiera en la lista de los 20 narcotraficantes internacionales perseguidos por la DEA. Su liberación lo puso a la cabeza: oficialmente, a través de un comunicado de prensa, el viernes 9 de agosto de 2013 la DEA expresó una "profunda decepción" por el fallo judicial mexicano en favor del amparo que interpuso la defensa de Caro Quintero y en paralelo, en su página oficial en internet, colocó su nombre y tres fotografías de éste en el lugar número 1 de su lista de los cinco fugitivos internacionales más buscados. Al instante, sin siquiera considerarlo ni catalogarlo como jefe de alguna organización ilícita de México o cualquier otro país, se transformó en el narcotraficante más perseguido por la DEA, por lo menos durante los últimos 30 años, seguido por Vicente Carrillo Fuentes, jefe del cártel de Juárez, el paquistaní Haji Ehai Ibrahim y los colombianos María Teresa Osorio de Serna e Iván Darío Ramírez. Ni Joaquín *el Chapo* Guzmán Loera, presunto jefe del cártel de Sinaloa, tenía el honor y privilegio de aparecer en esa lista.

El gobierno de Estados Unidos ofreció hasta 5 millones de dólares de recompensa a quien proporcionara información que llevara a la captura de Caro Quintero, para lo cual garantizó todo tipo de confidencialidad por medio de los números de teléfono: 1-866-629-6036, dentro del territorio estadounidense, y 001-866-629-6036, en el extranjero, así como la dirección electrónica caroquinterotips@usdoj.gov.

La primera de las tres fotografías de Caro Quintero insertadas en la lista de la DEA corresponde a su juventud, cuando tenía entre 25 y 28 años edad, con cabello y bigote negros; en la segunda foto se le ve sin el bigote y ya más entrado en años; y en la tercera, las más reciente, tomada pocos meses antes de su liberación, sin bigote y con la cabeza completamente cana, el rostro marcado por dos grandes arrugas que le definen unas mejillas muy colgadas, y otras pequeñas, pero muy acentuadas, en las bolsas de los ojos.

"Nunca —sostiene Berrellez, quien dedicó una parte importante de su vida como investigador y policía profesional a estudiar la vida y modus operandi del ex capo— debió haber sido liberado. Es uno de los criminales más violentos que ha tenido México. Mató a muchos mexicanos, además de *Kiki*. Espero de verdad que Estados Unidos logre su extradición, aunque dudo mucho que puedan volver a atraparlo vivo", concluye.

El gobierno de Peña Nieto reaccionó a destiempo. Desde el día de la liberación de Caro Quintero, no hizo más que aceptar que desconocía su paradero. En la PGR y en la DEA hubo una serie de intercambios de información de inteligencia muy contradictorios: que la procuraduría lo tenía ubicado, que agentes federales —aunque a una distancia moderada— lo estaban siguiendo, que el gobierno de Peña Nieto —esto es lo único que determinó la DEA desde el primer momento— simplemente le había perdido el rastro.

El domingo 11 de agosto, con la colaboración obligada del despacho jurídico de la embajada de México en Washington —para evitar contratiempos constitucionales a los que Caro Quintero pudiera apelar—, el Departamento de Justicia ya tenía elaborada y lista la petición de arresto con fines de extradición que inmediatamente entregó al gobierno mexicano por medio de los oficios diplomáticos del Departamento de Estado. El gobierno de Estados Unidos lo acusó formalmente, con base en los encausamientos judiciales en su contra ante la Corte Federal en California, y en Tucson, Arizona, de delitos relacionados con el tráfico y la distribución de mariguana y cocaína, y de lavado de dinero procedente de la venta de narcóticos. Tomando en cuenta que la justicia mexicana nunca lo procesó ni enjuició por este último cargo, constituyó el más sólido para la solicitud de extradición.

Es un hecho que la repentina liberación de Caro Quintero tomó por sorpresa a los gobiernos de Enrique Peña Nieto y de Estados Unidos, aunque hubo algunos acontecimientos previos a lo ocurrido el viernes 9 de agosto que plantean ciertas interrogantes. Por ejemplo, el 12 de junio de 2013, la Oficina de Control de Bienes Extranjeros (OFAC, por sus siglas en inglés), del Departamento del Tesoro de Estados Unidos, anunció una serie de designaciones legales en contra de los familiares directos de Rafael Caro Quintero y aplicó sanciones jurídicas a las empresas de algunos de los afectados.

La OFAC, que sacó su nombre del baúl de los recuerdos del narcotráfico, lo acusó de "haber utilizado una red de familiares y a otras personas como frente para invertir su fortuna en compañías legítimas de bienes raíces en la ciudad de Guadalajara". Sin dar a conocer las pruebas, el Departamento del Tesoro estableció que era socio de Esparragoza Moreno, *el Azul* (hoy presuntamente difunto), uno de los fundadores del cártel de Guadalajara, y supuesto líder, junto con *el Mayo* Zambada García, del poderoso cártel de Sinaloa.

Dos meses antes de su liberación, Caro Quintero se enteró de que, según el gobierno de Estados Unidos, sus cuatro hijos: Héctor Rafael, Roxana Elizabeth, Henoch Emilio y Mario Yibran Caro Elenes, así como su esposa, María Elizabeth Elenes Lerma, y Denisse Buenrostro Villa, su nuera, estaban entre los "narcotraficantes más significativos" y se los mencionaba como cómplices del *Azul*.

Las otras personas designadas y ligadas con la familia Caro Quintero fueron: Humberto Vargas Correa, José de Jesús Sánchez Barba, José de Jesús, Mauricio y Diego Sánchez Garza, Beatriz Garza Rodríguez, Hilda Riebeling Cordero, Ernesto y Rubén Sánchez González, Michael Adib Madero, Diego Contreras Sánchez y Luis Cortés Villaseñor.

Las empresas socias del *Azul* y Caro Quintero utilizadas como frente en el lavado de dinero procedente del narcotráfico son, según el gobierno estadounidense: la gasolinera ECA Energéticos, El Baño de María (empresa de jabones y lociones), la zapatería Pronto, la hacienda Las Limas, los grupos Fracsa, Dbardi y Constructor Segundo Milenio, el restaurante bar Los Andariegos (o Barbaresco) y Piscilana (o Albercas y Tinas Barcelona). El Departamento del Tesoro congeló los bienes y las cuentas bancarias de todos los implicados y confiscó sus propiedades en Estados Unidos y aquellos lugares donde se aplica la jurisdicción de este país, amén de que emitió la prohibición a todos los ciudadanos y entidades estadounidenses de tener cualquier relación personal y empresarial con los designados y sus compañías.

Esta decisión del gobierno de Barack Obama anunciada en junio de 2013 alimentó las sospechas de que la DEA en México estaba al tanto del proceso, así como de la actualidad que tenía el amparo que los abogados de Caro Quintero habían presentado en Guadalajara. Pero se especuló, la DEA y, en general, todo el gobierno de Estados Unidos, confiaban en que el recién entrado gobierno de Peña Nieto evitaría a toda costa que Caro Quintero saliera libre. Sin embargo, se equivocaron.

Lo que no podrá evitar el gobierno de Estados Unidos es que Caro Quintero apele a cualquier solicitud de extradición en su contra —explicó el citado funcionario de la PGR, dependencia federal a cargo de Jesús Murillo Karam—. "Hay voluntad de la parte de nuestro gobierno de arrestarlo nuevamente en caso de ser ubicado y, si está bien sustentado y justificado el motivo del arresto, extraditarlo a los Estados Unidos", subraya.

Detenido el 4 de abril de 1985 en los suburbios de San José, Costa Rica, por un grupo especial de la policía de ese país, asesorado y acompañado por agentes de la DEA, Caro Quintero prácticamente recibió la absolución del tribunal colegiado en Guadalajara por el secuestro, tortura y homicidio de *Kiki* Camarena en respuesta al amparo de sus abogados. Aquél consideró que el afectado fue responsable del delito contra la salud en la modalidad de siembra, cultivo, cosecha y posesión de mariguana con el propósito de trasiego en el año de 1984 y, según su parecer, también incurrió en un delito que afectó a la comunidad agrícola de El Búfalo, en Chihuahua, compuesta por los ranchos Ojo de Agua, Santa Cruz, San Rafael y cerro El Mogote. Al ser declarado culpable de estos delitos, se lo sentenció a 15 años de cárcel y a pagar una multa de 1 millón de pesos (de 1985).

En conclusión, para justificar en 2013 la orden de libertad inmediata que emitió, el tribunal colegiado explicó que, "en la inteligencia de un estricto cumplimiento al fallo protector, se declara compurgada la sanción privativa de la libertad y prescrita la multa", determinación por la que Caro Quintero no sólo quedó libre, sino incluso con el derecho y la posibilidad de contrademandar al sistema judicial mexicano, ya que en términos prácticos lo mantuvo en prisión 13 años más de la condena de 15 años que jurídicamente le correspondían. Todavía más: conforme a lo dictaminado por el tribunal, también se le dejó en libertad porque la PGR nunca acreditó la asociación delictuosa que le achacaba el gobierno de Estados Unidos ante los tribunales mexicanos.

Para colmo y fortalecimiento del amparo, en la década de los ochenta no existía en la legislación mexicana el delito de delincuencia organizada, que no se estipuló como crimen sino hasta 1996, esto es, 11 años después del asesinato de Camarena.

Hoy a los ojos de la justicia estadounidense la liberación de Caro Quintero no representa más que la impunidad de un criminal; en las oficinas centrales de la DEA en Washington, aunque más de 90% de los jefes ni siquiera eran policías cuando ocurrió el homicidio de Camarena, hubo mucha consternación: no entendían la lógica jurídica de la liberación.

De manera discreta, pero sin tregua, por medio del Departamento de Estado, la DEA y el Departamento de Justicia, bajo los oficios diplomáticos de su embajador en México, Anthony Wayne, presionaron al gobierno de Peña Nieto para que se encontrara una solución jurídica al caso y, con ello, estar en condiciones de volver a arrestar a Caro Quintero.

El cabildeo diplomático de Wayne surtió efecto. El miércoles 6 de noviembre de 2013 la Suprema Corte de Justicia de la Nación (SCJN) catalogó a Rafael Caro Quintero como prófugo de la justicia y, por ende, autorizaba su detención inmediata.

Integrantes de la primera sala de la SCJN, los ministros Arturo Zaldívar Lelo de Larrea, Olga Sánchez Cordero, Jorge Mario Pardo

Rebolledo y Alfredo Gutiérrez Ortiz Mena, en una sesión privada que duró aproximadamente dos horas y media, en la que se contó con la presencia de funcionarios de la embajada de Estados Unidos en México así como de representantes de la PGR, votaron a favor de invalidar el fallo del tribunal en Guadalajara que el 8 de agosto autorizó la liberación de Caro Quintero. El único voto en contra fue el del ministro José Ramón Cossío Díaz, cuyos argumentos fueron desechados por sus cuatro colegas.

Oficialmente, la SCJN atendió el caso de la liberación de Caro Quintero por el "pedido de revisión del amparo" que solicitaron Mika Camarena, viuda del agente de la DEA; su hijo, Enrique Camarena, Jr. (fiscal federal en San Diego, California), y la PGR del gobierno de Peña Nieto. Su decisión, que sin lugar a dudas fue el resultado de las presiones y cabildeos de Wayne, consistió en tres resolutivos: primero, revocar la sentencia recurrida; segundo, negar el amparo y, por último, emitir una nueva sentencia por los delitos de secuestro y homicidio de Camarena y Zavala Avelar, piloto de la Secretaría de Agricultura y Recursos Hidráulicos (SARH) en el sexenio de Miguel de la Madrid Hurtado (1982-1988).

Como algo insólito en la historia de la corte debe calificarse esta resolución: los cuatro magistrados de la primera sala, por un lado, le reconocieron a Camarena, y a la DEA como agencia intergubernamental, un estatus diplomático, es decir, dieron validez a las labores de un policía extranjero dentro del territorio mexicano, lo cual prohíbe la constitución política del país; por el otro, también justificaron la labor de Zavala Avelar en su colaboración con Camarena, con lo cual la SCJN da luz verde para que cualquier funcionario público funja como "informante" o "empleado temporal" de una agencia o corporación extranjera dentro de las fronteras del territorio nacional. Este fallo a favor del gobierno de Estados Unidos para autorizar el arresto de Caro Quintero con fines de extradición sienta, así, un precedente legal muy delicado.

Cualquier entidad gubernamental mexicana, incluso a instancias de otros países, bien podría utilizar esta decisión en un futuro para justificar la presencia, operación y facultades legales de agentes y corporaciones extranjeras; entre éstas, instituciones dedicadas al espionaje, como las agencias Central de Inteligencia (CIA) y Seguridad Nacional (NSA, por sus siglas en inglés) de Estados Unidos, por ejemplo.

La autorización para una nueva detención en contra de Caro Quintero emitidas por la primera sala podría interpretarse como la prueba más clara del éxito que tuvo el cabildeo del embajador Wayne ante el gobierno de Peña Nieto. Es patente que el fallo del miércoles 6 de noviembre de 2013 contradice a lo que habían dictaminado el 28 de marzo de 2012 los ministros de la SCJN Zaldívar, Sánchez Cordero, Pardo Rebolledo y Guillermo Ortiz Mayagoitia (en ese momento, ministro en funciones, hoy jubilado): su rechazo —consideraron que "no tenían méritos suficientes para hacerse cargo del asunto"— a la solicitud de intervención que el Primer Tribunal Colegiado en Materia Penal con sede en Guadalajara le hizo a la corte para que revisara la petición de amparo interpuesta por Caro Quintero; incluso para el caso de Zavala Avelar tampoco era válido el proceso en el marco del fuero federal, ya que la víctima —arguyeron— no realizaba funciones oficiales al momento de su asesinato.

Un año ocho meses antes de que la SCJN reconociera a Camarena como diplomático de Estados Unidos sin que el ex agente de la DEA al momento de su asesinato estuviera adscrito como tal ante la SRE, y a Zavala Avelar, que fungía como colaborador pagado por la DEA y Camarena, e informante de una corporación extranjera que ejercía labores anticonstitucionales, los ministros ya habían validado que el tribunal colegiado en Guadalajara aceptara y diera luz verde al amparo interpuesto por los abogados del capo.

En un intento por acreditar y cubrir con argumentos jurídicos la operación de cabildeo del gobierno de Estados Unidos que ejerció con éxito ante la SCJN, los ministros sostuvieron que, como "diplomático", Camarena estaba protegido por la Convención sobre la Prevención y el Castigo de Delitos contra Personas Internacionalmente Protegidas, por lo que su caso debía ser acogido por el fuero federal.

Los cuatro magistrados que desconocieron la oposición de su colega José Ramón Cossío sostuvieron que las investigaciones que Camarena llevaba a cabo en México "no implicaban intromisión alguna en las tareas encomendadas a las autoridades de nuestro país". Estas dos líneas en el fallo del 6 de noviembre de 2013 adelgazan aún más el hilo que puede reventar el precedente sentado por la SCJN para casos de la presencia y la actuación de agentes, agencias y corporaciones extranjeras en México.

Con el mayor cuidado a fin dede evitar filtraciones sobre su paradero, el 19 de noviembre de 2013, apenas 13 días después de la emisión del fallo de la SCJN, Caro Quintero, siempre asesorado por sus abogados, hizo llegar una carta a la secretaría particular de la presidencia de la República, con copia a Miguel Ángel Osorio Chong, secretario de Gobernación, y al procurador general Murillo Karam, en la que clamó: "Lo que tenía que pagar ya lo saldé". Quien en su momento fue considerado como el narcotraficante más poderoso de México, exigía a Peña Nieto no someterse a las presiones ni designios del gobierno de Estados Unidos.

"¿Cómo es posible —cuestionaba Caro Quintero en la carta, en directa alusión a lo dictaminado en junio de ese año por la OFAC— que el país capaz de espiar a presidentes y candidatos presidenciales y de saber lo que hacen, no hizo ninguna acusación contra mi familia durante los veintiocho años y cinco meses en que estuve preso? ¿Por qué esperó a que se avizorara mi liberación para iniciar la cacería en contra de mi esposa, hijos, hija y nuera como supuestos narcotraficantes y blanqueadores de dinero?", matizaba Caro Quintero en defensa de su familia.

Sin disimulo sostuvo que el fallo de la SCJN en su contra forma parte de una *vendetta* personal de Estados Unidos. "La justicia que reclama [ese país] para su connacional ya fue pagada en México en las condiciones que se me impusieron […] por todos los medios está tratando de hacer válida una extradición con tintes de venganza", recalcó en la misiva. Instó al gobierno de Peña Nieto a que revise nuevamente, pero con justicia, su expediente en el caso Camarena para con ello hacer una valoración apegada únicamente a la legalidad y la justicia. "Que no ceda a presiones políticas, ni que por esa vía se resuelva un asunto que compete únicamente al Poder Judicial", se lee en el documento recibido en Los Pinos, Gobernación y la PGR.

LA VERDAD ESTÁ EN EL AIRE

La noche del 4 de noviembre de 2013 el Ejército de Venezuela destruyó un avión con matrícula mexicana en Alto Alpure, al sur de la ciudad de Caracas. El Comando Estratégico Operacional de la Fuerza Armada de Venezuela explicó que la aeronave mexicana —un Hawker Siddeley DH-125-400A matrícula XB-MGM, registrada en Monterrey, Nuevo León, presuntamente derribada y casi por completo destruida— ingresó de manera ilegal en el espacio aéreo de la nación bolivariana.

Al día siguiente del incidente, el presidente de Venezuela, Nicolás Maduro, informó que su gobierno había derribado "aviones" vinculados con el narcotráfico que ingresaron ilegalmente en su país.

El asunto provocó de inmediato una serie de desconciertos y sospechas en México. El gobierno de Enrique Peña Nieto solicitó

28

de manera formal al de Maduro una explicación clara respecto del caso del avión con matrícula mexicana. Perplejo, el presidente de Venezuela consideró que no había mucho que explicar. "Que el presidente mexicano sepa que están abogando por un avión que estaba *full* [lleno] de cocaína", respondió Maduro a la querella mexicana.

Cuando en México se comenzó a investigar la ruta de vuelo del avión presuntamente derribado u obligado a aterrizar por el comando venezolano, se dijo que originalmente había despegado de la ciudad de Monterrey y que hizo escala en la de Querétaro.

El gobierno de Venezuela informó que en el avión mexicano viajaban dos tripulantes: el piloto, Carlos Alfredo Chávez Padilla, y el copiloto, Mauricio Pérez Rodríguez, y cinco pasajeros: Adriana Jezabel Cruz Méndez, Susana Bernal Rivas, Isaac Pérez Dubon, Manuel Eduardo Rodríguez Benítez y Sergio David Franco Moga.

La identidad de estas personas, en lugar de esclarecer el escándalo, causó más intrigas: tenemos "reservas" respecto a dicha información, preciso por su lado Osorio Chong, y aseveró que eran falsos los documentos que hacían referencia a los tripulantes de la aeronave; 17 días después del incidente, el procurador Murillo Karam afirmó que se conocía ya el nombre verdadero de los pasajeros y mencionó a cuatro de los que viajaban en el avión cuando partió del aeropuerto de Querétaro: Adriana Cruz Méndez, Susana Bernal Rivas, Manuel Rodríguez Benítez y Sergio Franco Moga.

Las autoridades mexicanas aseguraron que el mismo día que despegó de Querétaro, el avión aterrizó en Bonaire, Antillas Holandesas, donde descendieron los cinco pasajeros y no continuaron el viaje. De acuerdo con la PGR, el avión despegó de ahí con destino a La Ceiba, Honduras, con sólo el piloto y el copiloto a bordo. Es más, cuatro de los cinco tripulantes —manifestó—, que ya habían sido interrogados por el ministerio público, regresaron a México procedentes de Bogotá, Colombia, el 7 de noviembre, y se estaba a la espera de que el quinto pasajero volviera al país para también someterlo a un interrogatorio respecto del incidente.

Posteriormente, la prensa mexicana reportó que, de acuerdo con Paul K. Crane, jefe regional de la DEA en México, el avión destruido en Venezuela estaba relacionado con Joaquín, *el Chapo*, Guzmán Loera, jefe del cártel de Sinaloa, pero no se aportaron ni develaron las pruebas fehacientes para sostener esta aseveración.

Uno de los testigos protegidos del gobierno federal de Estados Unidos entrevistados por el autor de este libro, José 1, ex policía judicial mexicano y ex escolta de *don Neto* en el cártel de Guadalajara cuando ocurrió el homicidio de Camarena, afirma en entrevista que quienes viajaban en el avión mexicano en realidad eran Caro Quintero y su familia.

"Aún tengo muchos contactos en México —dice, tajante, José 1—. Ellos me aseguran que, efectivamente, el avión salió del norte del país, pero no de Monterrey, sino de Durango, que hizo escala en Querétaro, después en una isla del Caribe y que aterrizó tranquilamente en Venezuela."

"Las siete personas en ese vuelo eran —remata José 1—: Caro Quintero, su esposa, dos de sus hijos y su hija, el piloto y el copiloto."

Se buscó algún comentario o reacción de autoridades de los gobiernos de México, Venezuela y Estados Unidos respecto de lo declarado por el testigo protegido. El primero, por medio de un alto funcionario de la SRE, se limitó a decir: "No tenemos nada que comentar". Por su parte, Rusty Payne, vocero de la DEA en Washington, dijo: "Interesante, tomamos nota; pero no tenemos nada que comentar". Finalmente la embajada de Venezuela en Washington tomó nota de la pregunta, supuestamente para investigar en Caracas, pero hasta la publicación de este trabajo no se había recibido respuesta alguna.

Por su parte, José 2, otro "testigo protegido" del gobierno estadounidense, afirma que sus "contactos en Guadalajara y Sinaloa" le aseguran que Caro Quintero "está escondido en el monte", en la sierra Madre Occidental, entre Sinaloa y Durango: "A Rafa —dice— no lo bajan del monte, sólo muerto. Mientras exista la amenaza de entregarlo a los gringos, será muy difícil que lo agarren. Por muy enfermo y viejo que esté, Rafa sigue siendo bronco y él sabe moverse muy bien en el monte. Además, tiene a la gente necesaria para esconderse y defenderse".

2

La Operación Leyenda

"Yo fui policía en México —dice José 1, 'testigo protegido' del gobierno federal de Estados Unidos por su implicación en el caso Camarena—. Estuve trabajando en varias corporaciones policiales mexicanas, entre ellas, la Dirección Federal de Seguridad (DFS), en el Departamento de Investigación Política y Social (DIPS), y en el Escuadrón de Apoyo del Estado de Jalisco, a las órdenes del comandante Sergio Espino Verdín", remata.

Temeroso aún de que lo elimine el narcotráfico mexicano, más ahora que Rafael Caro Quintero salió de prisión, José 1 se ahorra los detalles sobre cómo comenzó su relación con el cártel de Guadalajara y se limita a decir que fue integrante —Héctor Berrellez, quien se encargó de reclutar a José 1 como informante y después lo convirtió en testigo protegido, lo señala como "jefe"— de la escolta de Ernesto Fonseca Carrillo.

Bajo el cobijo del programa federal estadounidense de testigos protegidos, este personaje ingresó en Estados Unidos el 1° de enero de 1990.

"Me llevaron a la oficina de la DEA en Los Ángeles, y ahí, en presencia del señor Héctor Berrellez, el señor [fiscal federal] Manuel Medrano, quien hablaba español, y otra persona que hablaba inglés, John Carlton [también fiscal federal], firmé un documento en el cual me comprometía a decir la verdad de lo que yo conocía y de lo que había vivido. En ese documento se especificó que yo estaba bajo protección de Estados Unidos. Soy consciente de lo que firmé. El gobierno de Estados Unidos ha recibido un buen servicio de mi parte, porque han sido muy buenos conmigo y con mi familia.

"Mi compromiso con Estados Unidos era ser leal a la institución que estaba sirviendo. Tenía que informarles sobre lo que yo sabía que había pasado con Camarena. Su secuestro, tortura y muerte. Me advirtieron, y el documento lo dice, que si mentía en la información que proporcionaba a Estados Unidos automáticamente yo me iba a la cárcel, perdía mi inmunidad y toda mi familia también.

"Todo lo que declaré en ese tiempo, y lo que sigo diciendo es la verdad, sé que no me creerán algunos, pero siempre he sido una persona de mucha credibilidad y por eso me tienen todavía como testigo en el gobierno de Estados Unidos.

"Mi contrato sigue vigente, aun en este momento; si ellos descubren alguna mentira de lo que he declarado o lo que digo, pierdo la inmunidad que tengo en este momento."

En 1973, Héctor Berrellez surgió del segundo grupo de agentes reclutados y entrenados especialmente para integrar la Administración Federal Antidrogas (DEA), que nació ese mismo año por decreto del entonces presidente de Estados Unidos, Richard Nixon.

Berrellez se destacó a lo largo de su carrera antinarcóticos, que terminó propiamente en 1995, ya en Estados Unidos, México, Centro y Sudamérica, por su valor, eficacia y astucia como agente encubierto para infiltrar las filas del narcotráfico y como policía investigador.

A los pocos meses de su ingreso en la DEA, inmediatamente fue enviado a México en operaciones encubiertas. En 1973 en la administración había muy pocos agentes que hablaran español, pero él pertenecía a ese reducido grupo. Sin estar asignado a México, entre las décadas de los setenta y noventa trabajó como agente encubierto en Durango, Guerrero, Jalisco, Michoacán, Sonora y Yucatán. En febrero de 1985, tras el asesinato de Enrique *Kiki* Camarena, fue uno de los varios agentes que envío la DEA a Guadalajara para investigar el homicidio.

En 1987 fue nombrado jefe de oficina de la DEA en Mazatlán, Sinaloa, puesto en el que estuvo durante dos años y medio, ya que en abril de 1989 fue designado supervisor de la Operación Leyenda, con sede en Los Ángeles, California; así bajo el mando de Berrellez se realizaron un sinnúmero de acciones secretas en México. El mandato que recibió fue el de encausar judicialmente a "todos los involucrados" en el secuestro, la tortura y el asesinato de Camarena para que la justicia de Estados Unidos los sentenciara.

Por medio de sus múltiples contactos en el mundo del crimen organizado mexicano, en las agencias policiales a todos los niveles, el Ejército y la política, reclutó a cientos de informantes para la operación. A varias decenas de éstos y a sus familias inmediatas, por motivos de seguridad personal y para que testificaran en las cortes federales durante los juicios de los pocos detenidos e implicados en el caso Camarena, los inscribió en el programa de testigos protegidos. Se les pagaron sumas importantes en dólares, les dieron casa, empleo; les cambiaron la identidad y les otorgaron la residencia legal en Estados Unidos.

Miles de documentos que contienen los detalles de la información recopilada por Berrellez en la Operación Leyenda —cuyo mando dejó en 1995— están archivados como *top secret* y en resguardo clasificado, por ser muy sensibles y riesgosos para la integridad de la seguridad nacional estadounidense, como se detallará en el capítulo 16.

Cuando Berrellez, por medio de su trabajo como investigador principal de la operación mencionada, empezó a reportar a las oficinas centrales de la DEA en Washington, D. C., y ésta, a su vez, al Departamento de Justicia, sobre el involucramiento de la CIA en el narcotráfico mexicano y su relación con el tráfico de armas a Centroamérica y con políticos mexicanos corruptos, le retiraron el mando en el caso Camarena. "Me castigaron —recuerda— enviándome a las oficinas centrales en Washington. Me dieron un escritorio con un teléfono y me asignaron trabajo burocrático, sólo tenía que cumplir con presentarme todos los días por la mañana y me podía retirar a la hora que fuera después de eso."

Cansado de ser un burócrata en las oficinas centrales de la DEA, en 1996 se retiró de la DEA y él mismo dice que "salió apestado y criticado por la dependencia federal y por el gobierno de su país, por los que hizo tanto".

Antes de su traslado a Washington, el Departamento de Justicia le hizo a Héctor Berrellez el reconocimiento más importante que puede recibir un agente federal por su valor y entrega durante la balacera más larga registrada en la historia de la lucha antidrogas de Estados Unidos. En 1987 participó, junto con elementos del Ejército y la policía federal mexicanos y otros agentes de la DEA, en el enfrentamiento armado con el narcotraficante Pablo Jacobo y su gente en El Limoncito de Ayala, Sinaloa. La balacera duró poco más de tres horas, hubo muchos muertos y la administración logró decomisar 2 toneladas de mariguana colombiana y 1 de cocaína.

Este reconocimiento, que cuelga enmarcado sobre una pared del despacho personal de Berrellez, está firmado por el procurador general de Justicia de Estados Unidos y por todos los jefes de otras agencias federales de investigación y policiales, como la CIA y el FBI.

Por su "admirable y efectivo" trabajo como supervisor de la Operación Leyenda, la DEA lo hizo merecedor de varios reconocimientos más. De hecho, es uno de los pocos agentes antinarcóticos que ha recibido el máximo galardón que entrega la DEA a su personal cuando, por su valor y riesgo de perder la vida, logra eliminar o arrestar a narcotraficantes y detener y confiscar grandes cargamentos de droga.

¿Cómo se verificó la información que usted proporcionó sobre el caso Camarena? —le pregunto a José 1.

Con los documentos de la investigación de la Operación Leyenda.

Berrellez asegura que José 1 es un informante valioso, por eso la justicia de Estados Unidos le condonó los crímenes y todos los delitos que cometió en México como integrante del grupo del cártel de Guadalajara.

¿En qué año testificó ante la corte federal de Estados Unidos? —sin el menor atisbo de duda, José 1 responde raudo:

En 1991, en la Corte Federal del Distrito Centro [en California], para el juicio de Juan Ramón Matta Ballesteros [narcotraficante hondureño], Rubén Zuno Arce, José Bernabé y Javier Vázquez Velasco.

José 2, por su parte, recuerda el momento cuando los encargados de la Operación Leyenda lo presentaron ante el fiscal federal Manuel Medrano: "Lo primero que me dijeron era que yo tenía que decir siempre la verdad, únicamente la verdad. Me pidieron que no me inventara cosas y me hicieron firmar un papel en el cual yo me comprometía a decir la verdad y no hablar de hechos en los que yo no estuve presente. Ni afirmarlos ni negarlos."

Este hombre, testigo protegido del gobierno federal de Estados Unidos, tiene la tendencia a cerrar los ojos para recordar lo que vivió en los años ochenta del siglo pasado, cuando indirectamente pertenecía al clan del cártel de Guadalajara. Al hacerlo, José 2 da la impresión de que revive todos y cada uno de los momentos de un pasado que le pesa y del que hace un recuento minucioso.

"Al momento de firmar el documento con el gobierno de Estados Unidos me dijeron que esto no se iba a terminar hasta concluir todo el proceso que se sigue por la muerte de Camarena. Como el caso sigue abierto, sigo como testigo protegido y por lo tanto debo conducirme con la verdad."

¿Cuándo llegó a Estados Unidos?

A finales de 1992, en agosto de ese año. Vine antes, como en julio, pero para quedarme definitivamente fue en agosto.

Estuve como [testigo] suplente en una corte federal; yo era como el respaldo de un testigo que estuvo presente en la tortura y asesinato de Camarena. Los fiscales federales del caso me dijeron que si era necesario presentar más evidencias yo tendría que subir al estrado para fortalecer el caso contra los acusados. Pero testifiqué ante el gran jurado que tenía a su cargo el asunto. Se trataba del juicio contra Rubén Zuno Arce.

¿A qué se dedicaba usted en México?

Yo era policía judicial del estado de Jalisco. Mi comandante y jefe directo era José María Carlos Ochoa, de homicidios. Fue mi mismo jefe quien me puso a la disposición del cártel, me dijo que ése tenía que ser mi principal trabajo en la Judicial; hacer lo que me mandaran en el cártel.

¿Con quién trabajó en el narcotráfico?

Con Ernesto Fonseca Carrillo, era integrante de su escolta, en el grupo de Samuel Ramírez Razo.

¿Cuánto tiempo trabajó para la seguridad de Fonseca Carrillo?
Empecé como a mediados de 1984 y lo dejé hasta que sucedió lo de Camarena. Soy testigo ocular de seis homicidios que se cometieron en torno a este caso.

Se sabe que a mediados de 1984, Ernesto Piliado Garza, el comandante de homicidios y jefe de grupo de la Policía Judicial del Estado de Jalisco, paró el motor de la patrulla en el estacionamiento del Club Libanés ubicado en Colinas de San Javier, en Guadalajara.

"Iba también el comandante José María Carlos Ochoa", relata J33, otro ex policía judicial del estado de Jalisco, ahora testigo protegido del gobierno federal de Estados Unidos. Prosigue:

"En el Club Libanés estaban sentados en torno de una mesa Ernesto Fonseca Carrillo con Rafael Caro Quintero. Los comandantes me dijeron que esos señores eran de la Secretaría de Gobernación y que a partir de ese momento yo iba a estar bajo las órdenes de ellos. Mi trabajo sería abrirles paso en los retenes, cuando saliera el señor Ernesto o Rafael. A partir de ese momento el comandante [Ernesto] Piliado Garza dijo que yo me quedaba ahí a seguir las instrucciones que me dieran ellos."

Alto y fornido, este testigo protegido escogió que para este trabajo se le identificara de esa manera: J33, por el nombre de la clave de radio que tenía asignado en el sistema de comunicaciones del cártel de Guadalajara.

A él, como a José 1 y 2, primero lo reclutaron en México como informante de la Operación Leyenda, después, por las amenazas a su seguridad y a su vida, ser llevado a Estados Unidos en calidad de testigo protegido.

Aunque dice que ahora padece de muchos dolores en la espalda, por las calentadas que recibió cuando lo arrestaron junto con Fonseca Carrillo, de quien en ocasiones fungió como guardaespaldas,

J33 asegura que no tiene miedo a lo que le pueda pasar a partir de las declaraciones que hizo para este libro.

"Algún día se tenía que conocer la verdad de lo que ocurrió en el asunto de Camarena", sostiene; en ocasiones, al hacer el recuento de los hechos que vivió, parece que sufre de ansiedad, y por las muecas faciales que hace, las pausas en sus relatos y el movimiento casi imparable de sus manos se podría pensar que está a punto de sufrir un ataque de nervios."

En octubre de 1991, ante el fiscal federal John L. Carlton, J33 firmó su contrato como testigo protegido. Ahora tiene otra identidad e incluso —por medio del proceso de naturalización— ya es ciudadano estadounidense.

"En el contrato me comprometí a decir todo lo que sabía para ayudar a mi gente y a mi país, por tantos homicidios cometidos en Jalisco en torno del asunto de *Kiki* Camarena. Hablé de todo lo que fui testigo ocular e hice cuando yo era policía judicial del estado de Jalisco, en el grupo de homicidios a cargo de Piliado Garza."

J33 recuerda que, justamente en 1984, cuando lo asignaron a las órdenes de Fonseca Carrillo y Caro Quintero, en el estado de Jalisco, particularmente en Guadalajara, aumentaron los homicidios: "mataban a mucha gente con armas largas de calibre grueso, con cuernos de chivo especialmente."

"Se decía —anota— que todo era por culpa de un agente de la DEA a quien don Ernesto y Caro Quintero querían identificar y agarrar."

En Guadalajara, en ese trágico 1984, hubo por ejemplo un enfrentamiento armado entre el grupo de Fonseca Carrillo y otro más que llegó de fuera. Hubo muchos muertos. Los cuerpos de algunos caídos estaban siendo velados en una funeraria que estaba por la avenida Vallarta, frente al negocio Alfombras Marul, a una cuadra del consulado de Estados Unidos.

"A la funeraria —afirma el ex policía judicial de homicidios— llegó la gente del grupo enemigo a rematar a los muertos, que eran César Fonseca, *el Checha*, medio hermano de Fonseca Carrillo y primo de Amado Carrillo Fuentes."

En ese año de mucha violencia en Guadalajara, ya bajo las órdenes directas de los jefes del narcotráfico, fue cuando J33 conoció a políticos, militares y jefes de la policía involucrados en el negocio del tráfico de drogas.

"Ahí […] comenzó mi historia en el narcotráfico. Estuve presente en muchas juntas que hicieron en la casa de La Bajadita y en otras casas de seguridad de Fonseca Carrillo y Caro Quintero. A esas juntas iba mucha gente, personas de alto rango en el gobierno que iban a recibir dinero o a llevar armas. Entre esas gentes hubo otros que no eran mexicanos; recuerdo mucho a uno que hablaba tipo cubano. Un tal *Max*."

3

Basuco para los jefes

Unos ocho o diez días antes del 7 de febrero de 1985, Ernesto Fonseca Carrillo, *don Neto* o don Ernesto, Rafael Caro Quintero, Miguel Ángel Félix Gallardo, Manuel Salcido Uzeta, *el Cochiloco*, y otros integrantes de la cúpula de mando del cártel de Sinaloa celebraron una reunión urgente en una de sus muchas casas de seguridad en Guadalajara.

"La reunión —recuerda José 2— fue en la casa de La Bajadita, que se encontraba a un costado de la Facultad de Medicina de la Universidad Autónoma de Guadalajara; llegué junto con Antonio, Toño, Gárate Bustamante [policía judicial del estado de Jalisco], porque había sucedido un hecho 8 o 10 días antes, donde habían matado a Jesús Arce, uno que le decían *el Carnes Asadas* y *el Pantera*, y habían herido a Lorenzo Harrison [Víctor Lawrence Harrison, subcontratista empleado por la CIA en México]. Estos dos trabajaban también para don Ernesto."

Además de los jefes, en la casa de La Bajadita había como otras 20 personas, destacándose la presencia de un coronel del Ejército, de quien José 1 afirma desconocer el nombre, y otro hombre, de unos 30 o 40 años edad, con muy poco cabello en la cabeza, vestido de traje, y a quien le decían *Max*.

"A esta persona yo la había visto una o dos veces en otras ocasiones; se me hacía muy curioso porque no era mexicano. Me daba mucha risa por la forma en que hablaba."

¿Era gringo?

No, no era gringo. Tenía piel morena, como uno. Para mí en ese tiempo, ya que nunca había salido al extranjero, me pareció que era puertorriqueño, o cubano. Ellos son los que siempre al decir una palabra omiten una letra.

De acuerdo con el recuento de los hechos ocurridos durante esa reunión, Max se entendía muy bien con *don Neto* y con Caro Quintero. Fonseca Carrillo presidía la sesión sentado detrás de su escritorio.

Estoy hablando que ese día en la casa había gente que estaba al cien por ciento con el grupo, muy cercanos a los jefes.

¿Usted en calidad de qué iba?

Yo era gente de confianza, tanto de don Ernesto como de Rafael y *el Cochiloco*. Estaba como escolta de ellos, pues, de los narcos.

¿Qué fue lo que ocurrió en esa junta?

Primero, se estaba hablando de cómo iba el negocio y de cómo estaba jalando la gente. Así se pasaron unas dos horas, hasta que don Ernesto saca una fotografía de su escritorio y le dice a Toño Gárate: "Toma, mira; ¿quién es este cabrón?" Entonces Toño agarró la fotografía y se rió, me volteó a ver y me dijo: "José, ven, mira quién está aquí". Yo vi entonces la fotografía. En la foto estaban dos personas, una era Antonio Padilla, quien era el dueño o encargado del restaurante El Yaqui, que está en la colonia López Mateos, y el otro era una persona a quien yo no conocía. Esa foto tenía poco tiempo de haber sido tomada, según me dijeron.

En la foto se veía a Antonio Padilla vestido con una camisa a cuadros y un pantalón color caqui. Tenía abrazando a la otra persona, pero lo que me dio risa de la foto fue que Antonio Padilla sacaba la lengua y se la ponía en la nariz al otro hombre, a quien tenía abrazado. El desconocido tenía puesta una camisa blanca, traje completo y sin corbata. Al mirarla le respondí a Toño: es Antonio Padilla. Pero él me dijo, "No, pendejo, ése no, ¿quién es el otro, al que tiene abrazando?"

Le respondí que al otro no lo conocía, fue entonces cuando Toño me dijo: es Enrique Camarena, un agente de la DEA.

Don Ernesto le mostró a Toño esa fotografía para decirle: "¿Sabes qué?, quiero que me mates a este cabrón", refiriéndose a Antonio Padilla, no a Camarena.

Gárate le dijo a don Ernesto que no lo podía hacer, porque Padilla trabajaba para el Cochiloco, quien estaba presente.

Toño le devuelve la fotografía a Ernesto y entonces se la arrebata Caro Quintero y dice, poniendo el dedo encima a Enrique Camarena: pero ese hijo de su chingada madre se va a morir.

Después de eso don Ernesto me mandó a la recámara que tenía en esa casa a sacar un fajo de dinero y una botella de coñac. Cuando regresé con el dinero lo puse sobre el escritorio y don Ernesto lo agarró y le dijo al coronel: "Tenga, se lo entrego".

Eran puros billetes de 100 dólares [José 2 calcula que en el fajo habría como unos 20 mil dólares]. Y además le preguntó: "¿Con eso ajusta o necesita más?"

El coronel agarró el dinero, lo dividió en dos partes y se los metió al saco y contestó que estaba bien. Luego dijo: "Ok, nos vamos".

¿Para qué era ese dinero?

No se dijo nada, no se aclaró si el dinero era como pago para matar a Padilla o a Camarena. Pero a Antonio Padilla nunca lo mataron.

José 2 dice que el coronel y Max salieron juntos de la casa de La Bajadita, y que en ese mismo momento arrancó la fiesta, que consistía en beber coñac, conversar, fumar *basuco* y seguir haciendo arreglos sobre el negocio del narco.

A José 2 ese día no se le olvida por otro incidente en particular: don Ernesto le regaló 1 millón de pesos de esa época, nada más porque les preparó 1 kilogramo de basuco a sus jefes.

¿Qué es el basuco?

Era cocaína preparada. Se echa en agua, se disuelve, se le agrega amoniaco; se empieza a juntar de nuevo con una cuchara, se pega; después se lava perfectamente bien y luego se empieza a moler, que es lo que ya es estrictamente el basuco, el cual tiene un sabor diferente a lo que es la inhalación de la cocaína.

El kilo de cocaína me lo dio Fonseca, lo sacó de un cajón de su escritorio. Les preparé ese kilo, y ya me iba de ahí cuando se empezaban a preparar los cigarros. Es decir, al cigarro le sacan el tabaco, le echan un poco del basuco y un poco de tabaco y así sucesivamente hasta que llenan y aprietan el cigarro, lo *pintan* [ensalivan] para sacarle la grasa y luego ya lo prenden. Da un olor como a cerezas, una cosa así.

Cuando terminé de prepararlo me levanté junto con Toño para irnos y fue cuando don Ernesto me dijo que me esperara. Sacó el millón de pesos y me lo entregó. A nosotros casi siempre nos daba pesos. Los pagos en dólares sólo se hacían a los políticos importantes, a los comandantes de las policías y a los altos mandos militares.

¿Recuerda algún otro lugar donde usted haya visto a don Ernesto, a Caro Quintero o a los demás jefes con Max antes de la reunión en la casa de La Bajadita?

Lo vi [a Caro Quintero] la primera vez en la casa de Mar Mara [Mármara], entregando armas a don Ernesto. La segunda en La Bajadita. Otra vez en la casa de [la calle] Lope de Vega, como el día 5 o 6 de febrero de 1985. Ese día en esa casa también estuvieron unos generales y el secretario de Gobernación Manuel Bartlett Díaz [durante el sexenio de Miguel de la Madrid Hurtado].

El testigo J33 se acuerda de que, a mediados de 1984, Caro Quintero y Fonseca Carrillo organizaron varias juntas con políticos, militares y policías de las que él fue testigo. Afirma que en algunas de ellas estuvo presente "un tipo que hablaba con un acento cubano muy marcado", a quien le decían —tal como hace memoria José 2— *Max.*

En esa época, cuando el narcotráfico mexicano estaba dominado por el cártel de Guadalajara, entre los policías, militares y narcotraficantes "era secreto a voces —asegura J33— que la CIA era la que le vendía las armas" al grupo comandado por Fonseca Carrillo y Caro Quintero. Y se extiende: "Se decía que Max, el cubano, era de la CIA; lo dijo varias veces delante de nosotros *don Neto*".

¿A usted le tocó ver esas armas que supuestamente mandaba la CIA de Estados Unidos al cártel de Guadalajara?

Junto con Samuel Ramírez Razo, *el Sammy* [quien portaba una credencial de la DFS], me tocó ir por un cargamento de unos cuernos de chivo al aeropuerto de Guadalajara. Llegaron en el vuelo de Aeroméxico que venía de Los Ángeles, California, a las 12 del día a Guadalajara.

Cuando llegamos al aeropuerto ahí estaba ya presente un agente de la DFS, *el Molina*, quien nos dijo que era el contacto directo con Max. Nos explicó que Max portaba una credencial de la DFS a nombre de Maximiliano Gómez, pero que en realidad se llamaba Félix Ismael Rodríguez [Medingutia], que era cubano y el contacto en México con la CIA. *El Molina* nos explicó también que Max tenía mucha relación con Lorenzo Harrison, otro de la CIA que trabajaba con don Ernesto y Caro Quintero.

¿Usted y Ramírez Razo recibieron los cuernos de chivo de manos de Max?

No, lo vimos en el aeropuerto cuando llegó el avión de Los Ángeles, y lo vimos platicar con *el Molina*. A nosotros *el Molina* fue quien nos entregó las armas, y a él le dimos el dinero que nos había dado don Ernesto. Eran puros fajos de billetes de 100 dólares que iban metidos en unos portatrajes.

¿En dónde más vio a Max antes de febrero de 1985?

Lo vi en noviembre de 1984 en el hotel Motor Américas de Guadalajara con Félix Gallardo, Caro Quintero, *Cochiloco*, el comandante de la DIPS Sergio Espino Verdín y con Bartlett Díaz.

¿Qué estaban haciendo en ese hotel?

A nosotros [la escolta] nos dijo don Ernesto que habían ido a preparar un trabajito que tenía que ver con un agente de la DEA. Eso fue unos días después de lo del decomiso de la mariguana (*más de 8 mil toneladas, como se verá en el capítulo 4*) en el rancho El Búfalo, allá en Chihuahua.

¿Cuánto tiempo duró esa reunión en el hotel?

No se quedaban mucho tiempo, no querían que los vieran; duró como unos 20 o 35 minutos, más o menos.

¿Don Ernesto les mencionó el nombre del agente de la DEA?; ¿de quién hablaron ese día en el hotel?

No, ni se lo preguntamos. Uno como escolta no podía ni tenía por qué preguntarle nada a los jefes. Si preguntaba, uno podría ser inmediatamente levantado para que le dieran *piso* [eliminar]. Los jefes podrían decir que eras *dedo* [soplón] y hasta ahí llegabas.

48

¿Quién era y qué hacía en el cártel Lorenzo Harrison?

Lorenzo Harrison se encargaba de la tecnología de los radios de Motorola, porque antes el encargado de los radios de Motorola era don Javier García Paniagua.

Harrison era quien se encargaba de ir a cerro Gordo a poner unos aparatos que les decían "los Mickey Mouse", que servían para escuchar las frecuencias de los radios que usaba la policía, el Ejército y todos los que trabajábamos para el cártel.

Los jefes nos decían que con Harrison no había problema, porque él estaba conectado directamente con Los Pinos a través de Bartlett Díaz, así que este gringo era, digamos, el técnico del cártel y el enlace con la DFS.

Harrison era un tipo raro. Una vez, como en septiembre de 1984, Ernesto Piliado Garza y yo lo arrestamos en Ciudad Granja porque lo agarramos portando armas. No se amedrentaba con nada, como que se burlaba de nosotros y nos advirtió que lo tendríamos que soltar y que de seguro iba a ser pronto.

Cuando lo reportamos, Leopoldo González Padilla, el director de la policía judicial del estado [asesinado en 2012 en Tomatlán, Jalisco] nos dio la orden de que lo soltáramos. Nos dijo que las órdenes venían de arriba porque el tal Harrison era de la embajada de Estados Unidos, que era gente de la CIA.

4
"Hay que pegarles donde más les duela"

A finales de octubre de 1984 la oficina de la Administración Federal Antidrogas (DEA) en la embajada de Estados Unidos en la Ciudad de México empezó a recibir información de que en el norte del país el cártel de Guadalajara tenía extensos cultivos de mariguana. Los agentes en la capital mexicana, que habían recibido la información de sus colegas de la oficina regional de Hermosillo, Sonora, cotejaron los datos con la Procuraduría General de la República (PGR), la que de inmediato descartó esa posibilidad.

Los informantes de la DEA en la oficina regional de Hermosillo insistieron en que los plantíos de mariguana existían. Es más, afirmaron que en la zona donde se encontraban, en el desierto de Chihuahua, había miles de personas trabajando en la siembra, cultivo, irrigación, corte, procesamiento y empaquetamiento de la hierba.

En los primeros días de noviembre Edward, *Ed*, Heath, agente regional a cargo (SAC, por sus siglas en inglés) de la DEA en México (jefe de la oficina dentro de la embajada de Estados Unidos), seguía recibiendo todos los días los informes de la oficina en Sonora sobre la existencia de los plantíos. "Uno de nuestros agentes, acompañado de un piloto mexicano, hizo un recorrido aéreo y observó y tomó fotos de algunos de [éstos]", le notificó a Heath la oficina en Hermosillo.

Con más evidencia en la mano, el jefe de la DEA en México fue nuevamente a la PGR y logró convencer a los funcionarios mexicanos de que se organizara una "expedición exploradora" para verificar la información.

La PGR le notificó a la DEA que sería el día 7 de noviembre por la mañana cuando la expedición integrada por efectivos del Ejército, la Policía Judicial Federal (PJF) y ministerios públicos acompañaría a "unos" agentes estadounidenses a los puntos señalados por los informantes en el desierto de Chihuahua.

Por la mañana de ese día, a bordo de helicópteros de la PGR, los funcionarios mexicanos y los agentes de la DEA que participaron en el operativo descubrieron los inmensos sembradíos de mariguana. No podían creer lo que veían: había laboratorios, larguísimos corredores para secar la mariguana, bodegas y cientos de dormitorios para los trabajadores.

Miguel Aldana Ibarra, primer comandante de la PJF, los militares y los agentes de la DEA se encontraron de frente con poco más de 84 hectáreas sembradas. La zona abarcaba no sólo el rancho El Búfalo, dentro del territorio de Chihuahua, sino hasta el de Sonora, por los ranchos El Pocito y El Vaquero. La redada antinarcóticos decomisó más de 8 mil toneladas de mariguana, ya empaquetadas en unidades de 20 kilogramos cada una. Más de 7 mil campesinos, llevados de varios puntos de los estados de Chihuahua, Durango, Sinaloa y Sonora, trabajaban en el complejo del rancho El Búfalo. Entre las decenas de detenidos ahí, la DEA destacó el caso de cinco personas que portaban credencial de la DFS. La mayoría de los campesinos fue alertada casi una hora antes de que llegara la expedición exploradora, y sus jefes les pidieron que se fueran y escondieran donde pudieran. Al tomar el control de las instalaciones y los plantíos, la PJF y los elementos del Ejército se dedicaron a buscar y detener a los campesinos que estaban escondidos en los alrededores del lugar.

En ese momento, la oficina de la DEA en México calculó que el valor de la mariguana confiscada sería de unos 2 mil 500 millones de dólares en las calles de Estados Unidos.

Con las declaraciones de los detenidos en las instalaciones de El Búfalo, la DEA confirmó lo que ya les habían dicho sus informantes de la oficina regional en Hermosillo: que el dueño de esos sembradíos de mariguana era Rafael Caro Quintero.

"Cuando cayó lo de El Búfalo —comenta J33—, estábamos con don Ernesto en una finca a las afueras de Guadalajara."

"Yo recibí la llamada telefónica que hizo el *Fantasma* [Miguel Juárez Valencia, de la escolta de Caro Quintero] de que habían caído a El Búfalo; que se lo dijera a don Ernesto, y así lo hice."

Según la versión de J33, a partir de la redada en ese rancho se intensificaron las reuniones entre Fonseca Carrillo y Caro Quintero, especialmente en el hotel Motor Américas. A una de ellas, después del decomiso, se presentó Manuel Bartlett Díaz.

¿Cuál era el propósito de esas reuniones?

Querían saber el nombre del informante de la DEA que les pasó lo de los sembradíos en El Búfalo. Hablaron de un agente que había agarrado 4 millones de dólares. Pero no hablaban de Camarena.

En una reunión de esas —sigue J33—, don Ernesto, Caro Quintero y Félix Gallardo discutieron lo del agente a quien le dieron los 4 millones de dólares, decían que quería más dinero, pero que ya no le iban a dar más y que si seguía chingando lo iban a fregar.

El testigo J33 recuerda que tres o cuatro días después de aquella redada hubo otra junta, que se llevó a cabo en una casa de seguridad, por la carretera que va de Guadalajara a Tonalá, cerca del cerro donde se encuentran las antenas del Canal 58.

Estábamos —rememora— don Ernesto, Samuel Ramírez Razo y yo. Habíamos llegado en el Grand Marquis blindado color azul marino. Teníamos poco rato [...] cuando llegó el gobernador Enrique Álvarez del Castillo con su escolta.

Entró diciendo: "¡Qué chingados! ¿No pueden con el de la DEA? Si no pueden hacerse cargo ustedes, díganme para poner a trabajar a mi gente". Don Ernesto lo calmó y le dijo que tarde o temprano darían con la gente que entregó a la DEA el rancho El Búfalo.

Héctor Berrellez no tiene empacho en decir que a *Kiki* Camarena no lo mataron por el asunto del rancho El Búfalo.

"Todos dijeron que a *Kiki* lo habían secuestrado y que lo habían matado porque a él le echaban la culpa del descubrimiento de El Búfalo y otros ranchos. Pero esto es una mentira, porque nosotros que llevamos a cabo la investigación de su homicidio sabíamos que no era cierto."

¿Cuál era el fundamento para decir que el descubrimiento de los ranchos no fue el motivo para que mataran a Camarena?

Porque, número uno, el informante que reportó los sembradíos de mariguana en El Búfalo era un informante que se reportaba a la oficina de la DEA en Hermosillo, Sonora. Y el agente de la DEA que recibió la información la presentó a la embajada de Estados Unidos en la Ciudad de México.

¿Quién fue ese agente?

Kiki no tuvo nada que ver con esto, fue otro agente, de nombre Antonio Celaya [...] asignado a la oficina de la DEA en Hermosillo. En la Ciudad de México se organizó todo el operativo para ir a destruir los sembradíos de mariguana. El encargado de ese operativo fue Carlos Lugo, otro agente de la DEA. Él fue quien se encargó de llevar a cabo toda la acción, junto con Manuel, *el Chato*, Ibarra Herrera, el director de la PJF, y con Miguel, *el Cabezón*, Aldana Ibarra. *Kiki* Camarena iba como uno más de los agentes que integraron ese operativo, era parte del grupo.

¿Por qué la DEA *no aclaró lo que se dijo en México, e incluso en Estados Unidos, sobre la relación Camarena-El Búfalo?*

Nosotros en la Operación Leyenda dejábamos que el mundo dijera lo que quisiera. El trabajo no era aclarar lo que se publicaba en la prensa o lo que filtraba el gobierno de México. Dentro de la operación [...] se decía al respecto que eso es, como se dice en inglés, *bullshit*. Digan lo que quieran, a *Kiki* no lo levantaron por eso.

Berrellez detiene de sopetón su relato, se reacomoda sobre el mullido asiento de piel de su escritorio y con la mirada señala hacia su librero. Hicieron una película —dice—. En la película sacaron que *Kiki* se reunió con un informante. Todo eso fue Hollywood. No fue así.

¿Cómo fue entonces?

En la Operación Leyenda llegamos en un 90% a la conclusión de que a *Kiki* lo habían señalado porque era un agente muy especial, era muy inteligente.

A principios de 1984, Enrique Camarena fue a la embajada [de Estados Unidos] a la Ciudad de México para asistir a una reunión que él había solicitado con Heath.

En esa reunión comentó que a los narcos les estaban descubriendo, confiscando y destruyendo mucha droga, pero que no servía de nada. Que no les estaban haciendo nada.

Propuso —recuerda Berrellez retomando sus notas de la operación que en una época coordinó junto con Wayne Schmidt— que la DEA se enfocara en la confiscación de dinero, no de la droga. "Hay que pegarles donde más les duela", dijo *Kiki*.

La idea de Camarena le pareció bien y acertada al RAC de la DEA en México y a los demás funcionarios de la embajada que estuvieron presentes en la sesión con Camarena. Se redactó un documento con las ideas del agente de la DEA asignado a la ciudad de

Guadalajara y su propuesta se envió a las oficinas centrales en Washington.

A los pocos días llegó la respuesta de Jack Lawn, el administrador de la DEA. La idea de Camarena se aprobó y así nació la Operación Padrino.

Lawn dijo: "Perfecto, vamos a hacer un operativo grande. Vamos a hacer un *massive wire tape operation* [una operación masiva de interceptación de llamadas telefónicas]". Y así fue como se lanzó la Operación Padrino. La DEA le interceptó las llamadas telefónicas a los narcotraficantes más grandes y poderosos de ese entonces, no sólo a los de México, también a los de Bolivia, Perú, Colombia, en todo Sudamérica y América Central. Incluso en España.

Gracias a la Operación Padrino, la DEA descubrió exactamente cómo los narcotraficantes más importantes estaban moviendo el dinero. Yo personalmente me acuerdo que como consecuencia de esa operación se decomisó un Lear Jet en Houston, Texas, con 35 millones de dólares en efectivo [del cártel de Guadalajara].

Otro decomiso se hizo en un hotel de Anaheim, California; ahí encontramos 11.4 millones de dólares en efectivo. Se hicieron muchos decomisos. En la DEA le pegamos muy fuerte a los narcos, fueron unos 200 o 300 decomisos, fue muy efectiva la Operación Padrino.

¿A cuánto ascendió la cantidad global de los decomisos que se hicieron con esa operación?

Creo que fueron más de mil millones de dólares, aproximadamente, lo que decomisamos; les dimos duro.

¿Por qué el gobierno de Estados Unidos nunca dio a conocer toda esta información, por qué nos enteramos de esto 29 años después del asesinato de Enrique Camarena?

Porque controlaron toda la investigación en Washington cuando se trató el tema del involucramiento de la CIA. A mí me dijeron que dejara eso en paz, que simplemente no tocara esa línea de investigación. ¿Por qué tanto tiempo después? Porque también hay temor. Yo vivo en este país [Estados Unidos], no estamos hablando de África.

Berrellez hace otra larga pausa, y dice:

Déjame regresar al asunto de la Operación Leyenda. Nosotros sabíamos que el asesinato de *Kiki* no tenía que haber sido por lo del asunto del rancho Búfalo. Porque *Kiki* fue uno más de los agentes que participó en esa operación. Pero llegamos a la conclusión de que probablemente fue por lo de la Operación Padrino. *Kiki* hablaba mucho con sus contactos de la PJF y la [policía judicial] del estado de Jalisco.

Cuando en la Operación Leyenda comenzamos a interrogar a informantes que fueron testigos del crimen, gente que nosotros sabíamos al cien por ciento que habían estado presentes cuando interrogaron a *Kiki* Camarena, los protegimos y los trajimos a Estados Unidos para interrogarlos y presentarlos como testigos de la fiscalía federal en los juicios de los implicados.

¿Quiénes eran esos dos testigos?

Eran dos personas que habían sido agentes de la policía judicial del estado. Incluso uno de los testigos viajó en el carro en el cual levantaron a *Kiki*, un Valiant azul, donde iban agentes de la DFS, el jefe de ellos, Sergio Espino Verdín. Él nos dio detalle tras detalle y testificó en el juicio de Zuno Arce y de otros.

Recuperando recuerdos y anotaciones que guarda como un tesoro en su oficina y en su casa, el ex supervisor de la Operación Leyenda comienza a revelar lo que ese informante y testigo declaró a la DEA y a la fiscalía federal en Los Ángeles.

Nos contó que el 7 de febrero de 1985, como a las 8 de la mañana, en la casa que estaba en la calle Lope de Vega, en la colonia Jardines del Bosque, que pertenecía a Zuno Arce, fue citada toda la gente de confianza y más cercana a Caro Quintero, Félix Gallardo y *el Cochiloco*; les dijeron que se iba a hacer un operativo.

Declaró que poquito antes de la 1 de la tarde llegó a la casa de Lope de Vega una persona americana que les dijo: "Apúrense, porque Camarena va a salir ahorita, va a juntarse con su esposa para ir a almorzar. ¡Pero ya!, rápido, porque lo podemos perder".

En ese momento se suben cinco elementos, armados hasta los dientes, en sendos carros. El consulado de Estados Unidos está en la calle Libertad, en Guadalajara. Para realizar el operativo colocaron un carro en cada esquina. El auto en el que iba el testigo fue el que interceptó a *Kiki* cuando cruzaba la calle para irse en su camioneta.

El güero ese, vamos a decirle *el Güero*, el americano —Berrellez cita lo que les declaró el informante— dijo: "Ése es" y apunta a Enrique Camarena.

Sergio Espino Verdín y los agentes que iban con él se bajan del carro y le dicen a *Kiki*: "Somos agentes federales —y le enseñan sus credenciales—, el comandante quiere hablar contigo".

Kiki les dijo: "Está bien, muchachos, déjenme avisar a la oficina". Cuando *Kiki* abre su camioneta para hablar por radio a la DEA, le dijeron: "Vente, chiquito, quedas arrestado". *Kiki* no opuso resistencia porque conocía a todos los comandantes de la policía judicial del estado y de la federal que estaban en Guadalajara.

Otra pausa de Berrellez, y sigue con el relato:

Le pusieron una chamarra para taparle la cara. Hubo otro testigo que nos dijo que vio cuando lo levantaron y confirmó lo de la chaqueta con la que cubrieron a *Kiki*. Este testigo era una persona que estaba en la calle. A Camarena se lo llevaron luego a la casa de Lope de Vega. Al llegar ahí lo sacaron del carro y le vendaron los ojos.

Una vez que tiene los ojos vendados, sale Caro Quintero de la casa y le da una patada y lo tira. "Así te quería tener, hijo de tu chingada madre", fue lo que le dijo Caro Quintero a Camarena, según el testimonio de uno de los dos testigos. Lo levantan, ya vendado, y lo meten en un cuarto de la casa que estaba destinado a las sirvientas.

Ahora voy a decir qué pasó en la casa —apunta Berrellez—: cortan el cordón de los cortineros y con eso lo amarran. Lo atan primero de los pies y luego de las manos por detrás, doblado, como si estuviera hincado. Para ese momento, agentes de la DFS ya habían puesto en el cuarto equipo de grabación. Era un interrogatorio totalmente policiaco.

Fueron [ellos] los que hicieron los interrogatorios iniciales. Fonseca Carrillo también estaba allí con su gente. Los dos testigos que estuvieron que nos relataron esto eran gente de [él], judiciales de homicidios. Estaban bajo las órdenes de Gabriel González González, que él asignaba para proteger a los narcos.

Fonseca Carrillo, cuando vio que ya tenían a Camarena en la casa, en algún momento se fue y dijo: "Ahorita voy a venir, los dejo encargados, muchachos".

Ordenó que no lo torturaran mucho. Fonseca Carrillo se va y entonces estos dos testigos se quedan en el cuarto con *Kiki* y observan cómo los agentes de la DFS le empiezan a hacer muchas preguntas.

Las grabaciones de este interrogatorio —matiza— […] las he oído unas 100 veces.

En un momento durante el interrogatorio llegaron a donde tenían a Camarena unos cubanos.

¿Cuántos cubanos?

Dos, según los testigos. Y aseguraron que uno de ellos interrogó personalmente a *Kiki*.

El ex agente de la DEA a cargo de investigar y esclarecer el homicidio de Enrique Camarena ocurrido en 1985 explica que a estos dos testigos los llevaron a Estados Unidos de forma separada.

El que viajó en el Valiant color azul en el que levantaron a Camarena aclaró que nunca había visto a los cubanos que llegaron a la casa de Lope de Vega. Aseguró a los investigadores de la Operación Leyenda que los cubanos llegaron a esa casa acompañados por agentes de la DFS.

Yo pregunté —dice el testigo—: "¿Y ese güey quién es? [en referencia al que interrogaba a Camarena]", y me respondieron: "No te mortifiques, son inteligencia americana, no hay problema con ello".

Al segundo testigo al que hace referencia Berrellez lo trasladaron a Estados Unidos aproximadamente seis meses después de que llegara a California el primero. Cuando tienes el testimonio de un primer testigo —afirma Berrellez—, como investigador de la DEA dudas de esta información, nunca sabes, de todo lo que te dicen, qué es cierto. Por eso cuando traemos al segundo testigo, y sin que supiera lo que nos había dicho el primero, lo interrogamos sobre lo que pasó en Lope de Vega. Así es como se depura la verdad de las mentiras. A los dos los teníamos viviendo en lugares separados. Hasta la fecha, desde que llegaron a Estados Unidos, nunca han estado juntos.

Igual que el primero, el segundo testigo nos relató cómo fue el secuestro de *Kiki*, cómo lo vendaron, lo ataron. Le preguntamos por las personas que estuvieron en la casa. Nos dijo que estuvo *el Güerón* [Jorge Fonseca Uribe, medio hermano de Ernesto Fonseca Carrillo], y que éste fue quien lo quemó con cigarrillos.

"¿Y quién más?", le pregunté. Me dijo que llegaron unos cubanos y uno de ellos interrogaba mucho a *Kiki*.

Héctor Berrellez, al obtener del segundo testigo la reiteración de lo que le había relatado el primero sobre los cubanos, solicitó a su equipo de agentes especiales en la Operación Leyenda que le consiguieran toda la información sobre cubanos que estuvieran en México relacionados con la DFS o la PJF o la de Jalisco.

Ya no recuerdo quién fue el que nos dijo que esos cubanos eran los que estaban manejando los campamentos de los contras [nicaragüenses] en México [que operaban con el apoyo de Estados Unidos para quebrantar el gobierno sandinista recién electo]. Que eran operadores de la CIA y que el que estaba a cargo de todo eso era un tal Félix [Ismael] Rodríguez.

Yo no lo conocía, ni nunca había oído hablar de él en ese momento. Tocó la casualidad de que uno que trabajaba con la CIA como contratista viene y me dice: "Héctor, Rodríguez es quien maneja los campamentos en México de los contras, adonde llegan los aviones cargados de droga. Los campamentos de los contras están en un rancho en Veracruz, un rancho de Caro Quintero". "¿A poco?", le dije yo. "Sí —me contestó—, y están usando una aerolínea de Juan Ramón Matta Ballesteros [hondureño], de nombre Setco. Y en esa aerolínea —dice— están utilizando a los pilotos para llevar armas a Nicaragua, para los contras. Pero, además, esos pilotos llegan a México con una carga de cocaína y luego llegan a bases militares norteamericanas donde no tienen que pasar por una revisión de aduanas."

¿Le dijo que de México llegaban con la cocaína a bases militares en Estados Unidos?

Sí, a bases militares americanas. Pero con ese operativo de la CIA, me aclaró […] estaban financiando con la droga a la guerrilla de los contras en oposición al gobierno de Nicaragua.

"Ten mucho cuidado con esto —cita Berrellez al contratista de la CIA— porque hay mucho involucramiento de esos tipos con la muerte de *Kiki* Camarena."

61

¿Cómo se llama ese contratista de la CIA?

Víctor Lawrence Harrison [...] era contratista de la CIA. Ya con estos datos, pedí a mi gente que me consiguieran una fotografía de Félix Rodríguez. En ese tiempo para mí, como jefe de la Operación Leyenda, todo era muy fácil. Si pedía una fotografía del mismo diablo, mi gente me la conseguía.

Con la [...] de Rodríguez en nuestras manos, hicimos una línea con fotografías de otras personas y entre éstas pusimos la [...] de [él]. Llevamos al primer testigo a la oficina donde colocamos las fotografías y le pedí que si entre éstas veía a alguien que hubiera estado en la casa donde torturaron a Camarena la señalara y sobre ella escribiera la fecha y sus iniciales.

Este testigo puso sus iniciales y la fecha en la foto de Félix Rodríguez.

[...La] señaló y de inmediato me dijo: "Este cubano estuvo ahí". Era la fotografía de Félix Rodríguez.

Deshicimos la línea que habíamos formado con las fotos y las volvimos a colocar sobre una mesa de manera distinta. Unos días después llevamos al segundo testigo a que mirara las fotografías; le pedimos que con ellas hiciera lo que le habíamos solicitado al primer testigo.

Miró las fotos y luego señaló la de Rodríguez. La tomó, puso la fecha y sus iniciales sobre ella.

¿Ni siquiera dudó?

No, los dos lo hicieron igualito. Sin embargo, estas evidencias no eran suficientes para [promover] un encausamiento judicial. Estaba muy débil la información, pero después llegó otro informante, quien andaba también inmiscuido con la DFS y con la CIA en eso de los contras y yo personalmente lo cuestioné al respecto.

Este hombre me dijo: "Lo único que yo le voy a decir es que el piloto que sacó de México a Caro Quintero, después del asesinato de Camarena, es un americano". Le pregunté, con insistencia, si estaba seguro, que si no lo confundía con algún cubano. Este informante reiteró que el piloto no era cubano, que era un americano, un gringo de ojos azules, güero. "¿Y él por qué lo sacó?", le pregunté. Me respondió que porque trabaja[ba] para ellos, para los cubanos y para la CIA. Me aseguró incluso que el avión en el que sacaron a Caro Quintero de México lo usaba la CIA, aunque no era un avión de la CIA directamente, sino de Setco, la aerolínea de Matta Ballesteros que utilizaban para el tráfico de armas a Nicaragua y para meter la cocaína a México que enviaban a bases militares.

Con toda esta información y como supervisor de la Operación Leyenda, tomé la decisión de hacerle una investigación a estos pilotos. Se lo propongo a mis jefes en Washington y me respondieron que no, que a esos pilotos no los íbamos a interrogar, y me advirtieron que me prohibían interrogarlos porque esos pilotos estaban trabajando para Estados Unidos. Me aclararon que eran subcontratistas del gobierno, pero [que] desechara [la idea de investigarlos], porque no era cierto que los pilotos transportaran estas drogas.

Me negaron el permiso para procesar el encausamiento judicial de los pilotos ante un gran jurado.

¿Quiénes le pidieron que dejara en paz el asunto de los pilotos que trabajaban para la CIA?

En el Departamento de Justicia. En Washington me dieron la orden de que me concentrara nada más en los narcos, y no en la gente que estaba ayudando a Estados Unidos. Aceptaron que sabían que en México había pilotos que trabajaban para la CIA, pero solamente se dedicaban a llevar armas a Centroamérica para apoyar a la guerrilla.

Berrellez vuelve a desviar un poco el hilo de la referencia de los hechos que involucran a la CIA con el caso Camarena. Cuenta que cuando el agente regional a cargo (SAC, por sus siglas en inglés) de la oficina de la DEA en Mazatlán, unos informantes le hablaron sobre el asunto de la CIA y la guerrilla.

Esos informantes me comentaron que había una pista y un campamento a un lado del rancho Las Cabras, que es [...] de Antonio Toledo Corro [gobernador de Sinaloa entre 1981 y 1986], ubicado a las afueras de Mazatlán. Los informantes me aseguraron que en esa pista del rancho Las Cabras estaban aterrizando aviones americanos, y grandes. Agregaron que estos aviones estaban sacando grandes cantidades de cocaína del rancho y que se iban al norte.

Con esta información, y como agente encubierto, me disfracé como un campesino para que los informantes me llevaran a ese campamento con la pista clandestina para confirmar lo de los aviones. Sí, era cierto, le tomamos fotos a los aviones.

¿Dónde están esas fotografías?

Cada mes, nosotros, los RAC en México, teníamos juntas en la embajada de Estados Unidos en la Ciudad de México. En una de [éstas] yo le dije a los jefes: "Tengo estas fotos y, según me dicen mis informantes, hay un campamento ahí. Estos aviones que están en las fotografías tienen matrícula americana, y se dice que están sacando cocaína, mucha cocaína".

Los jefes me respondieron que no me metiera en eso, que se trataba de un campamento para entrenar a los Contras. Les insistí sobre el argumento de los informantes de que en esos aviones se estaba enviando cocaína a Estados Unidos. "No le creas a esos informantes, ellos piensan que sacan droga por el tamaño de los aviones, pero no es cierto —me dijo uno de los jefes de la embajada que asistió a la reunión—. ¿Cómo la CIA va estar sacando droga?, por favor, no es cierto, sólo están entrenando a contras; déjalos tranquilos".

"Yes, boss", le contesté. Pero yo sabía que mis informantes estaban diciendo la verdad.

Al retomar la conversación sobre el caso Camarena y los cubanos que trabajaban en México para la CIA, Berrellez afirma que entre toda la información que se recopiló en la Operación Leyenda sobre éstos se confirmó que los cubanos andaban armados y portaban credenciales que los acreditaban como agentes de la DFS.

Por encima de las negativas de mis jefes en Washington para investigar a los cubanos —añade—, tomé la iniciativa de hacerlo por medio de un informante. Para esto recluté a un ex comandante de la DFS, a Federico Castel del Oro. Yo quería saber cómo era posible que los cubanos trabajaran con la DFS. En esos tiempos ésta colaboraba o trabajaba con la CIA, mientras que nosotros [la DEA] lo hacíamos con la PJF.

Meto a Federico y le recomendé que me detallara la función de la DFS en Guadalajara. Pero éste, sin necesidad de investigar, me respondió de inmediato, riéndose: "Héctor, pues cuidar a los narcos. Cuando a mí me mandaron de México a Guadalajara como director de la DFS [...] me dio órdenes el director José Antonio Zorrilla Pérez que yo tenía que estar en Guadalajara para proteger a los narcos y para ver que el dinero se repartiera bien para los de arriba, para los políticos".

Castel del Oro además me contó que todos los diferentes comandantes de la DFS que en ese tiempo estaban repartidos en las diferentes plazas del país trabajaban para el narcotráfico. "De no ser así, ¿cómo crees entonces que hubieran podido tener tantos plantíos de mariguana como los que había en El Búfalo?"

Con todo lo que me reportaba Federico, las cosas empezaron a tener más sentido. Comenzaron a atarse los cabos de toda aquella maraña que había con el caso Camarena.

Muy a su estilo de hablar, trátese de cualquier tema, el ex agente federal estadounidense nuevamente desvía la narración para referir otro asunto que, según él, ayuda a entender lo que pasó en 1985 con el asesinato de su colega en Guadalajara.

Cuando yo estuve en México, hice muy buena amistad con Guillermo González Calderoni [comandante de la PJF]. Guillermo se peleó, según él, con el hermano del presidente de México de esa época, Raúl Salinas de Gortari.

Me contó que la bronca fue por no reportar la cuota, como se tenía que reportar. Me dijo que lo estaban acusando de quedarse con la plata. "Por eso comencé a tener problemas con Raúl, pero ellos andaban muy mal —me explicó González Calderoni y luego me dijo—: ellos mandaron matar a dos políticos del PRD, en Monterrey. Mandé gente a que los matara por órdenes de Carlos Salinas y de Raúl. Ellos fueron los que mataron a Francisco Ruiz Massieu, al joto", así me lo dijo.

Yo —añade— ni conocía a esa persona [Ruiz Massieu], al joto; me explicó que había sido jefe del PRI. Recuerdo también que me dijo otra cosa: "Ésos, Carlos y Raúl Salinas de Gortari, son bien sanguinarios, me acusaron a mí, me fincaron cargos y fue cuando me fugué para la embajada de Estados Unidos".

Cuando Guillermo se escondió me habló y me pidió que lo sacara. "¿Qué pedo traes?", le dije. "Me quieren fincar cargos de enriquecimiento ilícito y abuso de autoridad. Pura macana —dijo—. Mándame un jet, me van a matar." Yo mandé un jet de Los Ángeles y llevaron a Guillermo a [esa ciudad], que fue donde lo escondí; para ser exactos, en Palm Springs. Le cambié el nombre y todo.

Estando Guillermo en Estados Unidos me dijo un día: "Oye, Héctor, ando muy preocupado por ti. Me hiciste un gran favor al sacarme de allá y te voy a decir algo, no te voy a dar todos los detalles, pero hazme caso. Salte de esa investigación [la Operación

Leyenda] que traes… lo del homicidio de Camarena. Por favor, te lo pido como amigo. Te vas a apestar de todas maneras y no vas a sacar nada".

Cuando me dijo esto, estábamos con otros agentes de la DEA, pero eran anglos y no hablaban español. Guillermo me estaba hablando en español y siguió con sus consejos: "Mira, Héctor, ustedes mismos mataron a *Kiki*. Los americanos mataron a *Kiki* y no se hagan pendejos. Héctor, a ti nada más te están usando. Ellos no quieren resolver este crimen, jamás lo van a resolver".

"Guillermo —le dije—, hazme un favor, para que lo oigan mis compañeros, repite en inglés lo que me acabas de decir." Y lo hizo.

¿Cómo reaccionaron los otros agentes de la DEA?
Era gente mía. Se sorprendieron, claro. Lo que me dijo Guillermo se me quedó muy grabado. En ese momento me molestó mucho, incluso traté de no creerlo, porque creerlo era como no creer en mi país. Todo lo que me contó González Calderoni lo reporté, lo mandé a Washington. Poco después de esto, Guillermo se fue a Texas, y allá se encontró con Phil Jordan, en ese tiempo agente de la DEA y director del Centro de Inteligencia El Paso (EPIC, por sus siglas en inglés); eran también amigos.

Pasado un tiempecito, Jordan me habló y me mencionó que Guillermo andaba muy preocupado por mí. Me contó que González Calderoni le había dicho que a *Kiki* lo había matado la CIA. Que le dio muchos detalles. "¿Qué te dijo?", le pregunté a Jordan. "Que todo el mundo en México, entre los comandantes, sabía que Félix Rodríguez había dado la orden a Juan Ramón Matta Ballesteros, y que Juan Ramón voló de Honduras a México para darle la orden a Fonseca Carrillo y a Caro Quintero. Que la orden fue que ellos y la DFS tenían que levantar a *Kiki*. Pero que a *Kiki* no lo iban a matar", lo cual explicaba la razón del porqué lo vendaron. "Lo levantaron

—siguió Jordan— nada más para interrogarlo, para que [...] divulgara las fuentes de información que tenía." Cuando González Calderoni contó todo esto, a mí el gobierno de México me quería extraditar, porque yo fui quien dirigió el operativo con el que se secuestró en Guadalajara al doctor Humberto Álvarez Machain.

¿Qué ocurrió después?
Todo lo que me dijo Guillermo de que me iba a apestar pasó. Yo no soy un héroe de la DEA. Ahora que ya estoy jubilado, sale a la luz que liberan a Caro Quintero y la DEA no quiso decir nada.

¿Por qué?
No lo sé, pero la prensa de Estados Unidos me buscó y me pidió una reacción a esta liberación, que por qué la DEA en Washington no quería hablar. Fue cuando dije que esta liberación era como una bofetada para Estados Unidos, para cada mamá y papá de un joven adicto a las drogas o que ha muerto por una sobredosis. Dije que cómo era posible que liberaran a un perro rabioso, a un psicópata que incluso le metió un palo de escoba por el recto a *Kiki* Camarena.

Los reporteros me cuestionaron sobre las razones por la cuales lo habían liberado, me argumentaron el asunto de los errores legales. Yo les dije que le preguntaran al gobierno de México. A los reporteros les aclaré que si la liberación de Caro Quintero se justificaba porque no estaba registrado ante el gobierno de México como diplomático de Estados Unidos, ¿por qué entonces no liberaban a los otros 19 detenidos por el crimen de Camarena? Es más, dije que a *Kiki* lo detuvieron agentes federales mexicanos, que *Kiki* portaba un carnet emitido por la Secretaría de Relaciones Exteriores. Que él tenía todos los privilegios de un diplomático.

HAY QUE PEGARLES DONDE MÁS LES DUELA"

Le dije a la prensa americana que le preguntara al gobierno de México que si *Kiki* andaba como turista en México cuando lo secuestraron para matarlo. Les argumenté que ahora que el PRI había regresado a la presidencia de México, el nuevo gobierno no podía manejar el caso de Caro Quintero. Que el PRI esté detrás de su dinero. Que al PRI le hacen cosquillas las manos para quitarle el dinero a Caro Quintero.

La última vez que vi el saldo de las cuentas bancarias que tiene Caro Quintero en Luxemburgo tenía más de 4 mil millones de dólares. También tenía otra cuenta con una suma más grande, que nunca se le decomisó, en Suiza.

¿Cuánto dinero tenía en la otra cuenta, en la de Suiza?

No me acuerdo bien, voy a mentir si doy una cifra precisa, pero eran varios miles de millones dólares, eran sumas tremendas.

¿Cómo las descubrieron, cómo las vieron?

Nosotros vimos las cuentas. Tenemos informantes de la DEA que trabajan en los bancos de Suiza y de Luxemburgo. Ellos nos enseñaron las cuentas, pero obviamente no podemos usar [los datos] porque en esos países se protege a los cuentahabientes.

Los reporteros a los que hace referencia Berrellez pertenecen al canal local de Fox News en Los Ángeles. Sostiene que lo entrevistaron durante más de una hora y que la pieza del reportero que transmitió la televisión nunca mencionó la relación CIA-Camarena-Contras ni la cocaína que llegaba a Estados Unidos de México. Berrellez asegura que él habló con el reportero y que éste le dijo que su pieza la editaron los de la cadena nacional de Fox News.

Lo que en ese momento Berrellez no consideró y ahora dice que pudo haber sido la causa de la omisión de la mención de la CIA es que en Fox News el coronel retirado Oliver North es uno de los principales analistas políticos. North es el personaje más conocido entre todos los involucrados en el escándalo Irán-Contras, durante la presidencia de Ronald Reagan. Lo acusaron ante el Congreso federal de Estados Unidos por perjurio y otros delitos en los que incurrió para financiar a la contra de Nicaragua.

Pocos días después de la entrevista que concedió a Fox News y al semanario mexicano *Proceso* (el que sí mencionó el involucramiento de la CIA por medio de Rodríguez en el caso Camarena), a principios de octubre de 2013, Berrellez lee en la prensa de su país una noticia que lo deja atónito.

Me entero de que hay un piloto que se llama Tosh [William Robert] Plumlee, quien estaba dando entrevistas sobre el caso Camarena. Que este piloto cuenta que trabajaba para la CIA y que se encargaba de sacar droga. Encajaba con la información que habíamos recopilado en la Operación Leyenda. Lo que contó [...] es increíble, que él sacó droga para la CIA y que conoce a Félix Rodríguez. Que Rodríguez le dijo [...] que él había estado presente interrogando a Camarena antes de que *Kiki* se muriera.

Plumlee declaró que a él lo había entrevistado *Kiki* en Phoenix, Arizona, dos o tres meses antes de que lo mataran, donde el piloto le dijo que dejara de investigarlo porque trabajaban para el mismo equipo. Plumlee relató que después de que *Kiki* lo entrevistó él mismo lo reportó a Félix Rodríguez.

Eso me dio asco. Parece que el piloto también se siente culpable. Y hay otro dato que dio a conocer Plumlee: sostiene que fue él quien sacó a Caro Quintero de México.

A mí me molesta mucho el asunto sobre el argumento de que Camarena se entrevistó con Plumlee. ¿Por qué a mí la DEA nunca me informó de esto?

Viene otra pausa en la narrativa de Berrellez y un nuevo salto a un episodio distinto, pero relacionado:

Cuando yo estaba con la DEA, México solicitó la extradición de González Calderoni. Hubo una audiencia en McAllen, Texas. La persona que utilizaba la PGR como testigo para sustentar su argumento del abuso de autoridad, las declaraciones y enriquecimiento ilícito contra Guillermo, era otra fuente mía.

¿Quién era?

Felipe Victoria […] un tipo que trabajaba en la PGR. Él me dijo a mí que los Salinas de Gortari querían echarle las manos a González Calderoni. Y me contó que él había [hecho] las declaraciones que se iban a usar para fundamentar la solicitud de extradición. Yo lo grabé. Le avisé a Washington [a la DEA] que el FBI había arrestado a Guillermo y que lo tenían para extraditarlo.

Ya lo iban a extraditar, pero en la audiencia en McAllen el abogado de Guillermo le preguntó que quién podría hablar bien de él dentro del gobierno de Estados Unidos para que lo ayudaran a detener la extradición. Guillermo le dijo al abogado que yo, Héctor Berrellez, el supervisor de la Operación Leyenda.

Después de que me propusiera, la corte federal donde se estaba llevando el caso me manda una orden para que me presente como testigo de la defensa de Guillermo. Cuando se es agente federal del gobierno de Estados Unidos, estás obligado a reportarle a las oficinas centrales del Departamento de Justicia que un juez federal te solicita como testigo de la defensa en algún juicio específico.

Así lo hizo Berrellez.

Me reporté […] y dije que si yo testificaba lo iban a soltar. Me preguntaron que por qué decía yo eso. Les dije que yo tenía evidencias [la grabación de Victoria] de que todas las acusaciones que le imputaba el gobierno de México eran falsas.

En el Departamento de Justicia me dijeron que entonces no me autorizaban para ir a [declarar] como testigo de la defensa. Argumenté que yo no me podía negar ante una solicitud de una corte federal, que me acusarían de desacato, pero dijeron que no me preocupara, que ellos se encargarían de aplastar el pedido.

El juez federal se pasó por alto al Departamento de Justicia y dijo que me quería en la audiencia. Del Departamento de Justicia me hablaron y me dijeron esto: "Vas a tener que ir, pero será mejor que mientas y que no presentes las evidencias que tienes".

¿Quién se lo ordenó?

Órdenes de Thomas Constantine, quien era el administrador de la DEA en esa época. Hablé con la fiscalía del caso y les expliqué que por órdenes del jefe de la DEA querían que yo hablara para ayudar a extraditar a México a González Calderoni. Le machaqué que si lo extraditaban lo iban a mandar a una muerte segura.

Los dos fiscales con los que hablé me dijeron esto: "Héctor, no te podemos pedir que mientas y que escondas evidencias porque eso es un delito. Pero tú trabajas para la DEA y si no haces lo que te dicen no sabemos qué pasará contigo. Lo sentimos, estás solo".

A los fiscales les dije que si yo quería quedar bien con la DEA, estaría enviando a mi amigo a una muerte segura, pero si decía la verdad "me van a fregar y me van a odiar", argumenté.

Agarré las grabaciones y le avisé a mi jefe inmediato, Mike Holm, que las llevaría a la audiencia; que arruinaría mi carrera pero que no permitiría que a González Calderoni lo mataran. Holm me dijo que ya se había enterado de que el Departamento de Justicia iba a mandar a la audiencia a una persona a escuchar mi declaración ante el juez. Cuando [éste último] me preguntó si yo sabía qué pasaría con González Calderoni si lo entregaban a México, le contesté esto: "Una muerte segura, su señoría". Le dije que el gobierno mexicano lo odiaba y que lo asesinarían. El juez entonces negó la extradición y no tuve que decir nada. Si [...] me hubiera pedido evidencias para sustentar lo que le dije, yo hubiera sacado las grabaciones.

¿Quién mató a González Calderoni (en 2003)?
Eso no lo sé, él tenía bastante dinero, tenía muchos negocios. La verdad es que quise investigar pero pensé que por ello me iban a matar a mí también. González Calderoni le echaba mucho al gobierno de Salinas de Gortari, él sabía dónde estaban escondidos los esqueletos. Nos hablaba de la muerte de los perredistas en Monterrey y de la de otros políticos en México. Guillermo sabía muchos secretos de la corrupción y los vínculos de políticos con el narcotráfico; se los llevó a la tumba.

A Guillermo González Calderoni lo asesinaron el 5 de febrero de 2003 en la ciudad de McAllen, Texas. Al ex comandante de la PJF le dispararon en la cabeza al subir al automóvil donde lo esperaba su chofer, luego de salir de la oficina de su abogado, Robert Yzaguirre. Hasta la fecha, el gobierno federal de Estados Unidos no ha podido esclarecer este asesinato del ex policía mexicano, a quien quería entregar a las autoridades nacionales.

"El rancho que tenía Caro Quintero en Veracruz, yo lo conocí muy bien —sostiene José 2—. Conocí ese rancho por medio de un colombiano que se llama Germán Gómez Caicedo, él era el contacto de la gente de Caro Quintero y de Félix Gallardo con los narcos de Colombia. Lo conocí en Guadalajara.

"Fui a ese rancho de Veracruz por tierra —agrega—, íbamos en una camioneta de redilas para 3 toneladas de carga. En ese rancho a la camioneta le subimos 300 kilogramos de cocaína, a los que les echamos piñas encima. Me tocó resguardar la camioneta en el camino de regreso a Guadalajara. Delante de la camioneta con la

73

cocaína iba otra camioneta con gente armada y una más atrás, en la que iba yo con otras gentes que también llevaban armas largas."

¿Qué vio en ese rancho de Veracruz?

En el rancho había ganado, caballos, equipo de comunicación, gente de la guerrilla, como 40 o 45 centroamericanos. Tenían unas carpas que estaban como a unos 500 metros de distancia de la 'casa principal del rancho. Se miraban unas hondonadas donde hacían disparos, entrenando, pues. Y había una pista clandestina, como de 1.5 kilómetros de largo.

¿Cómo sabe que la gente era centroamericana y que estaban entrenando en esa hondonada?

Antes de responder, José 2 suelta una carcajada y dice:

En 1974, Antonio Gárate, Piña, Chiconi y su servidor estuvimos en Nicaragua con Edén Pastora. Nos mandaron de México a que nos entrenaran en tácticas guerrilleras. De la PJF nos mandaron para que aprendiéramos muchas de las técnicas que Pastora enseñaba, el mismo *Comandante Cero* nos entregaba los 2 mil 700 dólares que nos pagaban al mes por estar en Nicaragua.

CASO OLIVER NORTH

A finales de 1984, cuando concluía el primer mandato de cuatro del entonces presidente de Estados Unidos, Ronald Reagan, en el capitolio se cumplían tres años de dar apoyo a las actividades "encubiertas" de la CIA para proporcionar asistencia militar a los Contras de Nicaragua. El objetivo marcado por el Consejo de Seguridad Nacional (NSC) y por los líderes legislativos fue hacer todo lo necesario para darle a la CIA las herramientas para que, con los Contras, derrocara al gobierno "comunista" de Nicaragua, y así evitar que la ideología soviética se extendiera, sobre todo hacia El Salvador y al resto de los países de Centroamérica.

Cumpliendo con los mandatos constitucionales, el Congreso ordenó una auditoría sobre estos programas al descubrir los excesos en los que incurría la agencia de espionaje. En consecuencia, los legisladores dieron por terminadas estas actividades.

En noviembre de 1985, habría en Estados Unidos elecciones federales generales y Reagan quería reelegirse a como diera lugar. Al inicio de ese año, las encuestas sobre la opinión pública no demostraron mayor simpatía para respaldar a los Contras, pero la Casa Blanca estaba decidida a no permitir que los soviéticos se anotaran una victoria en Centroamérica.

Enfundado en su odio y rivalidad contra la Unión Soviética, Reagan, asesorado por Robert C. McFarlane (consejero del NSC), decidió desobedecer el mandato legislativo y convenció a Arabia Saudita de que entregara mensualmente poco más de un millón de dólares a los Contras en un plazo de dos años. En cumplimiento de la orden presidencial, McFarlane responsabilizó a su asesor en el NSC, al joven coronel del Ejército Oliver North, para que se encargara de proveer armas a los Contras.

North, un astuto militar con gran capacidad de manipulación —según varias biografías—, reclutó a varios ex militares y estableció una red de tráfico de armas a Nicaragua, que incluyó abrir varias cuentas bancarias en Suiza y firmar contratos con traficantes de armas en Portugal; desde donde, en una flota de aviones privados, se enviaban las armas al país centroamericano, con la intervención de la CIA, claro.

Al conseguir la reelección en noviembre, Reagan activó otro plan encubierto, en este caso para obtener la liberación de siete estadounidenses que habían sido secuestrados en Líbano por la agrupación islámica extremista Hezbollah.

Bajo la asesoría directa de su entonces secretario de Defensa, Caspar Weinberger, el presidente estadounidense acudió al gobierno de Irán para liberar a los rehenes. El acuerdo alcanzado con Teherán consistió en que Estados Unidos le vendería armas a Irán para fortalecer su guerra con Irak, a cambio de conseguir la liberación de los siete secuestrados. Endosado el compromiso secreto, y aunque era una violación directa a la ley conocida como Acta de Control a la Exportación de Armas, Estados Unidos comenzó a venderle armas a Irán a través de un enemigo natural de los iraníes: Israel.

Reagan nunca notificó al Congreso de este acuerdo secreto, por lo cual en 1986, la CIA se encargó de venderle armas a Irán por medio de envíos desde Israel. Esto mismo fue aprovechado por North, quien sobrevaluó los precios de las armas que se vendían, para comprar con el excedente mercancía a los traficantes internacionales, y desde Portugal y otros puntos en Europa, continuar entregando equipamiento bélico a los Contras de Nicaragua. Para entonces, el NSC estaba dirigido por John Poindexter, quien había reemplazado a McFarlane.

El 3 de noviembre de 1986, la revista libanesa *Al Shiraa* publicó un artículo que daba cuenta de la venta ilegal de armas que Reagan, por medio de la CIA, hacía a Irán, lo cual desató uno de los escándalos políticos mas grandes de la historia en Estados Unidos.

A los 13 días de que se develó la noticia de la operación secreta con Irán y los Contras, escándalo bautizado como Irán-Contras, en el capitolio los demócratas exigían someter a Reagan a un juicio político; querían que renunciara a la presidencia.

Todo el mes de noviembre, la prensa estadounidense no hablaba de otra cosa más que del caso Irán-Contras, y se especulaba sobre el número de funcionarios de la Casa Blanca a quienes se les pasaría por la guillotina política, junto con el presidente.

76

El 25 de noviembre de 1986, en una conferencia en la Casa Blanca, Reagan aseguró que él "nunca fue" totalmente informado sobre las operaciones secretas del caso. El presidente aprovechó la conferencia para anunciar el despido de Poindexter y del coronel North, como jefe y asesor del NSC, respectivamente.

El mandatario además anunció que el procurador general de Justicia, Edwin Meese, llevaría a cabo una investigación sobre el escándalo. Cumpliendo con el mandato de Reagan, se formó la famosa Comisión Especial Tower, que se encargaría de realizar las averiguaciones y estaría integrada por el senador republicano John Tower, el ex secretario de Estado Edmund Muskie y el ex asesor de seguridad nacional Brent Scowcroft.

El 9 de diciembre de 1986, North y Poindexter fueron obligados a testificar ante el Comité de Asuntos Internacionales, en cumplimiento de la investigación del capitolio. En esa audiencia los dos ex asesores de Regan negaron la conexión Irán-Contras.

Conforme se fue hilvanando la trama de las operaciones secretas e ilegales, y luego de recibir inmunidad ante cualquier acción legislativa, en el mes de julio de 1987, en una audiencia conjunta de los comités de Inteligencia de las dos cámaras legislativas, North admitió que había destruido documentos sobre el asunto Irán-Contras, pero mintió a los legisladores sobre varios aspectos de la operación secreta. North también negó los rumores que circulaban de que la CIA estaba involucrada en el tráfico de drogas para obtener fondos adicionales y con ello conseguir armas para los insurgentes de Nicaragua. El 10 de julio, en otra audiencia similar, North recurrió nuevamente a las mentiras para cubrir la estratagema secreta formulada por la presidencia de Reagan.

Después de la audiencia, en 1988 se iniciaron los juicios contra todos los involucrados en el escándalo Irán-Contras, excepto Reagan.

El 4 de mayo de 1989, el juez federal Gerhardt Gessell declaró a North inocente de cinco cargos relacionados a la violación de la ley del Acta de Control a la Exportación de Armas, pero lo declaró culpable de los delitos de mentir al Congreso y obstrucción a la justicia, y lo someterían a una investigación legislativa por destruir documentos del NSC y haber aceptado un pago "ilegal" por 13 mil 800 dólares.

Como el general North había obtenido inmunidad, el ex militar nunca fue sentenciado ni siquiera a libertad condicional.

La gran mayoría de todos los involucrados en el escándalo Irán-Contras fue declarado culpable de algún delito; pero el 24 de diciembre de 1992, el presidente George H. W. Bush perdonó a casi todos.

5

El asesinato de los Testigos de Jehová

La destrucción de las más de 8 mil toneladas de mariguana en el rancho El Búfalo provocó una ansiedad inusitada entre los jefes del cártel de Guadalajara. Los tres testigos protegidos con los que me entrevisté recuerdan que en los meses de noviembre y diciembre de 1984 Rafael Caro Quintero quería principalmente vengarse de la DEA, sobre todo porque la Operación Padrino le estaba causando muchas bajas en la llegada del dinero que obtenían por la venta de drogas en Estados Unidos.

"Todos los jefes estaban muy nerviosos y enojados —dice J33—. Y encima, Caro Quintero y don Ernesto se quejaban del agente de la DEA que según ellos pedía más de los 4 millones de dólares que ya le habían dado. La verdad, yo no entendía a qué se referían cuando hablaban del agente de la DEA y el dinero."

En los últimos dos meses de 1984, Caro Quintero en particular puso a trabajar a todos los pistoleros, policías, políticos y militares que estaban en su nómina para que identificaran al agente de la DEA que estaba detrás de la Operación Padrino y al informante que entregó a las autoridades el rancho El Búfalo. J33 recuerda que en ese periodo para Caro Quintero a "todo [...] estadounidense que andaba en las calles de Guadalajara se le consideraba sospechoso de ser un agente de la DEA".

El 2 de diciembre de 1984, Fonseca Carrillo, toda su escolta y su yerno, Manuel Rico, *el Manolo*, estaban reunidos en la casa de la avenida Inglaterra, de Guadalajara, cuando sonó el timbre de la puerta.

"Yo —cuenta José 1— me asomé a la puerta para ver quién tocaba. Eran cuatro personas, gringos; dos mujeres y dos hombres."

El Manolo, de acuerdo con el recuento de los hechos que hace el escolta de *don Neto*, subió corriendo a la segunda planta de la casa para decirle a su suegro que en la puerta estaban cuatro gringos y que "a lo mejor eran la DEA". Ante la alarma, Fonseca Carrillo dio la orden de que los metieran a la casa y que los amarraran.

"Cuando les abrí la puerta —José 1 sigue su relato—, uno de los hombres, el que parecía el mayor de todos, dijo que eran testigos de Jehová. Hablaba un español muy machucado; llevaban un portafolios con libros y folletos, propaganda, pues", recuerda.

A decir de José 1, con la ayuda de otros integrantes de la escolta de *don Neto*: Ramiro Pérez, José Guadalupe Torres Hernández, *la Petunia*, y Ezequiel Codines, *el Primo*, metieron a la casa a los cuatro visitantes.

En la casa habíamos como unas 15 personas, aparte de don Ernesto y *el Manolo*. La orden fue que se les metiera en un carro. Cuando los estaban metiendo, al *Primo* se le escaparon dos. *El Manolo* y los otros los corretearon y en unos minutos los rodeamos y los agarramos y se les subió al carro.

José 1 describe de esta manera a los cuatro testigos de Jehová: "El más grande de edad era un tipo robusto, de poco más de 30 años, otro más joven, y las mujeres, una como de 35 a 40 años, y la más joven de unos 25 años de edad".

En realidad se trataba de los ciudadanos estadounidenses Dennis Carlson, de 32 años de edad, su esposa, Rose, de 36 (ambos del estado de California), Benjamín Mascareñas, de 29, y su esposa, Pat, de 27, de origen alemán, testigos de Jehová que vivían en el estado de Nueva Jersey.

"Las mujeres —sigue José 1— eran rubias, los hombres eran güeritos; gritaban que eran religiosos, que eran testigos de Jehová y no de la DEA.

80

"Los subieron al Grand Marquis blindado, el azul. Fonseca Carrillo dio la orden de que se los llevaran a los departamentos de Loma Linda, sobre la avenida Adolfo López Mateos, hacia la salida a Morelia. A los cuatro gringos se los llevó *el Primo*."

José 1 y Fonseca Carrillo llegaron al lugar en otro Grand Marquis blindado unos minutos después de que *el Primo* metiera a los testigos de Jehová a la parte de atrás de los departamentos.

"Los fuimos a ver —continúa José 1—. Todavía los tenían amarrados y vestidos, ya los habían golpeado. Fonseca se les quedó mirando y dio la orden de que los desnudaran a todos. 'Encuérenlos', sentenció *don Neto*.

"Cuando los encueraron los empezaron a golpear todavía más, don Ernesto les preguntaba si eran agentes de la DEA, quería saber qué andaban investigando; para ese momento ya estaba ahí Samuel Ramírez Razo.

José 1 explica que mientras Fonseca Carrillo interrogaba a los cuatro testigos de Jehová, Ezequiel Codines le confesó que cuando se detuvieron en un semáforo sobre la avenida López Mateos dos de los gringos se les volvieron a escapar; que empezaron a correr entre los autos y a gritar que los estaban secuestrando. Pero —detalla— como *el Primo* y los demás sacaron armas, nadie los ayudó y los volvieron a subir a los carros, pero los habían golpeado ya, antes de que llegáramos con don Ernesto; se ensañaron más con los hombres. Continúa:

"Cuando don Ernesto terminó de interrogarlos ahí en los departamentos de Loma Linda dio la orden de que se los llevaran a la granja de Santa Ana, en el poblado de Casillas, afuera de Guadalajara, hacia el cerro del Palomar. La granja de Santa Ana era del *Güerón*. En la granja separaron a las mujeres de los hombres. Fonseca Carrillo me dio la orden de que los interrogara. En un cuarto de la casa principal estaban las mujeres y en las caballerizas individuales los hombres.

"Comencé con las mujeres; estaban de rodillas en el suelo, amarradas, con la cabeza al suelo. Entraron conmigo Ramírez Razo, Juan José Bernabé y el *Primo*.

"Les pregunté que si eran de la DEA, que si conocían a generales o a políticos; me dijeron que ellas andaban propagando la palabra de Dios, que no conocían ni a policías ni a militares y que no eran agentes de la DEA.

"A las mujeres no se les golpeó durante el interrogatorio, que duró como media hora, pero Ramírez Razo, al darse cuenta de que ya había terminado de interrogarlas, me dijo que me saliera rápido porque se las iban a coger. En ese mismo instante las empezaron a violar los tres cabrones.

"Fui con Fonseca Carrillo y le reporté que las mujeres habían negado que fueran agentes de la DEA. Le informé también que Ramírez Razo, Bernabé y *el Primo* las estaban violando, pero él me ordenó que los dejara; mandó interrogar a los hombres.

"En las caballerizas a los dos hombres los tenían tirados en el suelo, el más grande se puso bravo y comenzó a desafiarnos, el otro no decía nada, tal vez porque estaba muy golpeado o porque no entendía bien el español.

"El grandote se envalentonó y nos retaba, no tenían idea en manos de quién habían caído. Ese mismo día, por la noche, los mataron a balazos. Dijeron que quienes los mataron fueron *el Primo* y los Tierra Blanca [sicarios del cártel de Guadalajara]; los hermanos Vázquez Velasco, Eliseo y Antonio, y el hijo de este último, a quien le decíamos *el Toño*."

Esa misma noche del 2 de diciembre los pistoleros de Fonseca Carrillo sepultaron a los cuatro gringos en El Palomar, una de las secciones de Bosques de la Primavera, un lugar a las afueras de Guadalajara donde según los tres testigos protegidos se enterró a mucha gente que eliminó el cártel.

Por su parte, J33 aporta a este recuento que a los testigos de Jehová los enterraron no muy lejos de Los Pinos, casa de seguridad de Félix Gallardo, cerca de la caseta forestal que está a la entrada de El Palomar.

"Al terminar de interrogar a los dos hombres —acota José 1—, reporté a don Ernesto que, igual que las mujeres, negaron ser de la DEA pero que se les estaba golpeando mucho. Me miró a la cara y me dio la orden de que nos fuéramos de regreso a los departamentos de Loma Linda. Ya por la noche, Ramírez Razo le habló y le dio el reporte de lo que habían hecho con los gringos."

6

Cajas de huevo para Bartlett

Pocos días después de que levantaran y enterraran a los testigos de Jehová, los capos del cártel de Guadalajara repartieron mucho dinero a sus "informantes" del gobierno. Querían agarrar al famoso agente de la DEA y a todos los que los habían traicionado. José 1 recuerda conversaciones en las que Ernesto Fonseca Carrillo, Rafael Caro Quintero, Juan José Esparragoza Moreno, *el Azul*, Félix Gallardo y Manuel Salcido Uzeta, *el Cochiloco*, hablaban de que junto con los políticos con quienes tenían contacto, al más alto nivel, pronto se adueñarían de México.

¿Quién en el cártel de Guadalajara se encargaba de pagarle a los políticos o los jefes del Ejército y la policía?
    Variaba —responde José 1—. Algunas veces lo hacía Ramírez Razo y en otras ocasiones [...] Javier Barba Hernández, un licenciado que trabajaba con don Ernesto. El licenciado Barba era a quien le tenía más confianza, su mano derecha y el supuesto jefe de los sicarios; le teníamos miedo pero, la verdad, no era bueno con las armas, especialmente con el cuerno de chivo. No veía bien —destaca.

Los testigos protegidos del gobierno de Estados Unidos aseguran que a pesar de que cuando se habla del cártel de Guadalajara que dominó en algún momento el negocio del narcotráfico en México se menciona a Rafael Caro Quintero como el jefe de esa organización, "el capo de capos era Fonseca Carrillo".

Don Ernesto, de acuerdo con lo que dice José 1, era en el cártel de Guadalajara a quien le reportaban todo y todos:

"*El Cochiloco* tenía bajo su control lo que era la zona de Magdalena, Jalisco, que era donde se sembraba mucha mariguana, *Cochiloco* también controlaba una parte de Colima. *El Cochiloco* le pagaba a la gente que tenía terrenos para que sembrara; les decía: 'Mira, aquí vas a ganar dinero', le enseñaba 15 o 20 mil dólares, se los daba y le entregaba la semilla. A los dueños de los terrenos se les advertía que no podían vender nada. Si vendían algo, sabían que los iban a matar, por eso respetaban los acuerdos.

"Caro Quintero no tenía sembradíos de mariguana dentro de Jalisco [...] los tenía en Sinaloa, hacia el norte. Miguel Félix Gallardo era la cabeza de todo lo que tenía que ver con la cocaína, con los colombianos. También *el Azul* estaba con este negocio de la cocaína y los narcos de Colombia, aunque *el Azul* siempre era muy callado, nada fanfarrón. Pero cuando se emborrachaba o se metía coca, daba miedo porque era muy violento. Si te veía y no le caías, tu vida ya no valía nada, estabas muerto.

"Otro que drogaba mucho era el cuñado de Fonseca Carrillo, Rafael Caro Lerma, alias *el Charel*, a quien por cierto se le ha mencionado poco. *El Charel* estaba casado con una hermana de Fonseca Carrillo, de nombre Adela. *El Charel* era el químico, se encargaba personalmente de la *goma*, de la *chiva* [heroína]. Al *Charel* nunca lo tocaron, acaba de morir hace tres años [en 2011]. La que todavía está viva es su esposa, Adela.

Se dice que a finales de 1984 hubo muchos políticos importantes que se reunían con los jefes; ¿llegó usted a ver en esas fechas a algún funcionario importante reunirse con Fonseca Carrillo?
Sí.

¿A quién?
A Manuel Bartlett Díaz.

¿En dónde lo vio reunido con Fonseca Carrillo?
En la casa de la calle de Lope de Vega.

¿Había alguien más, aparte de Fonseca Carrillo, en esa reunión?
Caro Quintero, Salcido Uzeta, Félix Gallardo, Álvarez del Castillo, *el Max* y el narco hondureño Matta Ballesteros.

¿Vio a Bartlett Díaz reunirse con Matta Ballesteros?
Sí, señor, en la casa de Lope de Vega. Esa reunión fue con el fin de entregar un camión tráiler completamente lleno de dólares que estaban acomodados en cajas de cartón, de las de huevo Bachoco. El dinero se le iba a entregar a él y otros políticos y militares que estaban ese día en la casa —estaba también el general Juan Arévalo Gardoqui [secretario de la Defensa Nacional]—, y a Miguel Aldana Ibarra, que también estaba ahí junto con Zorrilla Pérez.

¿Por qué asegura que las cajas de huevo estaban repletas de dólares?
Porque yo personalmente bajé dos cajas. Uno de los jefes me dijo: "Súbete y aviéntanos dos cajas de ahí". Les aventé las dos cajas, las abrieron y todos los presentes vimos que estaban llenas de billetes de a 100 dólares.

¿Sabe para qué era ese dinero?
El dinero, hasta donde tengo yo conocimiento, por lo que vi y escuché [de] las conversaciones, era para la candidatura como presidente de la república de Manuel Bartlett Díaz.

¿Está usted seguro?; ¿de qué fecha estamos hablando?

De finales de 1984. Fue antes de lo de *Kiki* Camarena: la casa de Lope de Vega la acababan de adquirir, era nueva.

¿Usted conoce a Bartlett Díaz?
Sí.

¿Con quiénes trataba Fonseca Carrillo para relacionarse con Bartlett?
Más que nada con quienes llevaban la voz cantante, porque Caro Quintero era muy hocicón, era con [Miguel] Aldana Ibarra, [José Antonio] Zorrilla Pérez y con el general [Juan] Arévalo Gardoqui.

Respecto de las conversaciones que se hicieron ese día en torno del tráiler con los dólares en las cajas de huevo, José 1 recuerda que los políticos, militares y policías le plantearon a los capos del cártel el despliegue del cargamento.

Caro Quintero dijo: "A mí me vale madre. Nosotros ya cumplimos; háganle como quieran y muévanle. Ése es problema de ustedes".

¿Quién se llevó el tráiler?
Yo no supe.

¿Cuánto dinero calcula que había en el tráiler?
A como estaba el camión, completamente lleno, unos 4 mil millones de dólares.

¿Estaba Max cuando se entregó todo ese dinero en el tráiler?
Sí, también.

¿Usted no sabía quién era y qué hacía el tal Max?
Yo al Max lo vi dos o tres veces.

Héctor Berrellez, por su parte, sostiene que otros testigos reclutados por la Operación Leyenda confirmaron la versión del tráiler con los dólares que describe José 1:

"Uno de ellos [Victor Lawrence Harrison] nos dijo que los jefes del cártel asignaron a 16 personas durante 5 días consecutivos para que contaran los dólares. [Nos] aseguró también que fueron 4 mil millones de dólares los que había en ese tráiler, dice Berrellez.

¿Fue esa la única vez que vio a Bartlett Díaz con los jefes del cártel, antes del asesinato de Camarena?

No —responde José 1—, lo vi una o dos veces más después de esa reunión. Lo vi en la residencia de Las Fuentes. Ésta era una de las casas más grandes, de dos pisos con ocho habitaciones, toda bardeada.

Ahí lo vi en una fiesta de Fonseca Carrillo, estaban todos reunidos. Había bastantes judiciales del estado, estaba el comandante.

Por cierto, en esa fiesta estuvo el gobernador Enrique Álvarez del Castillo. Fue una cosa muy chistosa porque [...] llegó disfrazado; iba cambiado totalmente, con una gorra, una peluca de mujer, lentes, así fue como llegó y se metió a la casa.

¿Qué celebraban en esa fiesta?

No recuerdo exactamente, creo que un cumpleaños. Pero hacían fiesta de todo y en cualquier rato, fiestas que duraban hasta semana y media. Mínimo tres días.

¿En qué lugar más vio a Bartlett Díaz con los jefes del cártel?

En una finca donde tenían las pipas. La finca está en Ciudad Granja. Se va uno por la López Mateos y, en la salida a Morelia, la finca está como a 500 m a mano derecha, antes de cruzar el Periférico.

¿Qué hacía ahí?

Fue a ver el equipo que tenía don Ernesto, las pipas, los tráileres y todo lo que había ahí. Era una propiedad bastante grande. De ese lugar salían los cargamentos. Ese lugar lo cuidaban *los Dormidos* [otro grupo de sicarios al mando de Caro Quintero].

Bartlett Díaz llegaba siempre con una escolta de civiles. Era exagerado en su forma de actuar; presumido, porque cuando hablaba, cuando explicaba algo, se daba mucha importancia. Decía que él sabía todo. Desde mi punto de vista, Bartlett Díaz era muy voluble en ese aspecto.

¿Fue usted testigo de que le hicieran otro pago, además del dinero que estaba en el tráiler?

No que yo supiera.

¿Qué era lo que decía Fonseca Carrillo o Caro Quintero de Bartlett Díaz?

Después de la entrega de ese tráiler nos metimos toda la gente a la casa; el tráiler se quedó afuera, estacionado. Se abrieron unas botellas de coñac, los jefes tomaban mucho Martell. Comenzaron a tomar y otros a fumar basuco.

Rafael dijo: "Ya cumplimos", y añadió: "Ahora hay que ver la respuesta de estos hijos de su chingada madre".

Don Ernesto dijo: "Yo creo que sí cumplirán porque se ve que está formal todo, hemos cumplido y estamos tranquilos".

Cuando salimos, ya no estaba el camión.

7

La Operación Padrino

El testigo J33 recuerda que en agosto de 1984, en la casa de La Bajadita, Ernesto Fonseca Carrillo sostenía una reunión con algunos políticos locales, narcos, policías y un gringo. "Como al mediodía, estaban sentados en la sala de la casa tomando coñac.

"Al paso de las horas, ya por la tarde noche, cuando en la sala algunos de los ahí reunidos comenzaron a fumar basuco y a tomar más alcohol, Fonseca Carrillo me mandó llamar y me ordenó que fuera al carro [el Grand Marquis color azul marino] a sacar un portatrajes y que se lo llevara. El portatrajes estaba repleto de dólares.

"Al entrar a la sala, Fonseca Carrillo se encontraba platicando con el gringo. Era un gringo que no hablaba muy bien español, su piel era blanca, pelo castaño claro, complexión regular, no tan alto.

"Al verme con el portatrajes, Fonseca Carrillo y el gringo se metieron en la oficina. *Don Ernesto* se sentó en su sillón y el gringo frente al escritorio. 'Este dinero es para él, deje ahí el portatrajes', me ordenó Fonseca Carrillo y yo puse el portatrajes a un lado del escritorio. No lo coloqué sobre el escritorio porque no había espacio, tenían drogas, botellas de Martell y vasos. Yo al gringo ni lo vi tomar ni fumar, pero había muchos vasos donde estaba él."

J33 asegura que durante los primeros días de enero de 1985 volvió a ver a ese mismo gringo al que le llevó el portatrajes con los dólares en la casa de La Bajadita, en esa ocasión afuera del restaurante Uno, propiedad de Fonseca Carrillo en el que tenía también un despacho, en un segundo piso, con vista a la calle.

"El gringo estaba colgado de un poste de teléfonos de México —relata J33—. Entré a la casa y a otros de la escolta les pregunté qué estaba haciendo un *gabacho* arriba del poste de teléfonos y que además llevaba puesto el uniforme de Telmex. Yo les dije: 'Y ése qué está haciendo arriba, es un gabacho, no es de Telmex'; llevaba el uniforme de Telmex y hasta una camioneta de Telmex que estaba estacionada cerca del poste."

José 1, que ese día también se encontraba en el restaurante Uno, a cargo de la seguridad de Fonseca Carrillo, en una entrevista por separado de la que se le hizo a J33, habla también del gringo subido en el poste de teléfonos:

"Eso fue cuando en el cártel andaban más metidos investigando el asunto del agente de la DEA [la Operación Padrino]. Estábamos en el restaurante que estaba por Acueducto, en la calle Mar de la Plata, que desemboca a la Ford Country Motors —dice José 1, y prosigue—: el gringo estaba en el poste de teléfonos conectando unos cables, o por lo menos eso parecía. Yo personalmente fui a la oficina de don Ernesto a reportarle el asunto, incluso se lo señalé desde dentro de su oficina. Don Ernesto lo estaba mirando de frente, pero me dijo: 'Déjalo, nos está ayudando'. El gringo estuvo sobre el poste un buen rato y después se fue —remata.

"En la organización comandada por Fonseca Carrillo y Caro Quintero conforme pasaban los primeros días de 1985 más se hablaba del caso del agente a quien dieron 4 millones de dólares.

"Decían —explica José 1— que el de la DEA quería más dinero, pero no hablaban de Camarena, a quien para ese entonces ya habían ubicado perfectamente.

"En una ocasión cuando habíamos ido con Fonseca Carrillo, Félix Gallardo, *Cochiloco* y Caro Quintero a una fiesta que se celebró en una finca a las afueras de Guadalajara, llegó el comandante de la Policía Judicial Federal [PJF] Juan Gilberto Hernández Parra,

92

alias *el Brutus*. Este comandante le dijo a Caro Quintero que el agente de la DEA ya los tenía hasta la madre, que ya le habían dado los 4 millones pero que quería más dinero.

"*El Brutus* les aclaró que al agente le habían entregado el dinero en el hotel Motor Américas. Fonseca Carrillo, Félix Gallardo y Caro Quintero decidieron que ya no le darían más dinero", dice José 1.

Por su parte, el ex supervisor de la Operación Leyenda se muestra reticente al hablar del asunto de agente de la DEA al que presuntamente el cártel de Guadalajara le entregó 4 millones de dólares, del gringo que recibió el portatrajes en la casa de La Bajadita y a quien después vieron en el poste de teléfonos vestido con el uniforme de Telmex.

"Esos detalles —admite Héctor Berrellez— están en algunos de los reportes clasificados de la investigación. No le di mucha importancia al asunto del agente de la DEA y los 4 millones porque se me hacía imposible.

"Lo del gringo y el portatrajes con los dólares o [el] del poste podría ser otro contratista de la CIA; me pararían la investigación en caso de que decidiera averiguar, no tenía caso", agrega.

En abril de 1991, cuando en la corte federal en Los Ángeles, California, se realizaba una de las audiencias del juicio contra Juan Ramón Matta Ballesteros, sentenciado en mayo de ese año a 145 años de cárcel, J33 y otro testigo protegido, René López Romero, subirían al estrado a relatar las ocasiones en las que vieron personalmente al hondureño con los jefes del cártel de Guadalajara y el día que secuestraron y torturaron a Camarena.

Antes de ingresar en la sala para participar como testigos de la fiscalía federal, J33 y López Romero se encontraron de pronto en uno de los pasillos de la corte con el gringo que recibió el portatrajes en La Bajadita.

"Uno de ellos —cuenta Berrellez al recordar ese incidente—, muy nervioso, se acercó a mí y me preguntó cómo era posible que también fuera a testificar en el juicio el gringo al que Fonseca Carrillo le había dado el portatrajes en la casa de La Bajadita.

"El entonces supervisor de la Operación Leyenda se preocupó y les preguntó a los testigos protegidos si sabían el nombre del gringo, pero le contestaron que lo desconocían."

"Les pedí que desde lejos me lo señalaran cuando lo volvieran a ver —agrega el ex agente de la DEA, y lo hicieron."

¿Quién era?

James Kuykendall —responde Berrellez a regañadientes.

James Kuykendall era el agente regional a cargo (SAC) de la oficina de la DEA en Guadalajara, y jefe inmediato de Camarena al momento de su secuestro y asesinato por la gente de Caro Quintero.

Berrellez afirma que hasta hoy no se sabe quién es el agente de la DEA al que *el Brutus* dijo que le dieron 4 millones de dólares.

8

Dos gabachos en La Langosta

El 30 de enero de 1985, en el restaurante La Langosta, propiedad de Ernesto Fonseca Carrillo, la cúpula de mando del cártel de Guadalajara celebraba una fiesta. Como siempre, no había un motivo especial para festejar, pero ese día por la tarde La Langosta se cerró al público para dar paso a la pachanga privada.

Al lugar habían llegado, acompañados de sus escoltas, Rafael Caro Quintero, Ernesto Fonseca Carrillo, Rubén Zuno Arce, Félix Gallardo, *el Cochiloco, el Güerón* y Ramón Lizárraga Lizárraga. Ese día integraban la escolta de Fonseca Carrillo cinco elementos del Departamento de Investigación Política y Social (DIPS), liderados por el comandante de la corporación, Luis González Ontiveros. José 1 y José 2 estaban en la reunión, así como J33.

El estacionamiento del restaurante estaba lleno de automóviles Grand Marquis y camionetas Bronco, todos de último modelo, los preferidos de los jefes del cártel de Guadalajara. La presencia de tantos automóviles nuevos y de esos modelos específicos era una señal tanto para la Policía Municipal de Guadalajara y la judicial del estado como para la federal de que no debían molestar y tenían que proteger las calles aledañas al lugar para evitar algún imprevisto que incomodara a los capos.

De entre los sicarios más sanguinarios y temidos del cártel de Guadalajara, en ese momento se encontraban en La Langosta los de mayor importancia: el licenciado Javier Barba, Samuel Ramírez Razo y los Tierra Blanca. También había pistoleros de Sinaloa, es decir, los de confianza en el caso de Félix Gallardo y Esparragoza Moreno; de éstos, José 1 y J33 recuerdan que estuvieron en el restaurante *el Culiche*, Ismael *el Mayo* Zambada García y Joaquín *el Chapo* Guzmán Loera. Este último en ese 1985 no era una figura prominente en la estructura del cártel de Guadalajara, ni en la de pistoleros de la organización criminal comandada por *don Neto* y Rafael Caro Quintero.

En una de las mesas del restaurante estaban sentados éstos y el licenciado Barba. A su lado en otra mesa, los Tierra Blanca y otros hombres de la escolta de Félix Gallardo.

Como a las 4 de la tarde, cuando la fiesta estaba en pleno apogeo, los escoltas comiendo mariscos, tomando cerveza y los jefes del cártel empezando a fumar basuco, llegaron dos hombres a la puerta del restaurante.

"Eran dos americanos —relata José 1, quien afirma haber estado sentado en una mesa cerca de la entrada; desde esa posición controlaba todo lo que se desarrollaba dentro de La Langosta—. Me sorprendió la llegada de los gringos porque llevaban shorts, camiseta y uno de ellos tenía un cámara colgada en el cuello. Era muy extraño que llegara al lugar gente así, porque afuera en el estacionamiento estaban las Bronco y los Marquis.

"Uno de los empleados del restaurante, al verlos en la puerta, corrió a decirles que se fueran, que no había servicio. Los dos americanos se dieron la vuelta para retirarse, pero Ramírez Razo los alcanzó a mirar y le dijo a Caro Quintero y a Fonseca Carrillo que en la puerta estaban dos gringos que eran de la DEA.

"Habían pasado unos tres minutos desde que Ramírez Razo dijo que los visitantes eran de la DEA cuando Caro Quintero caminó hacia la puerta del restaurante y dio la orden de que los agarraran.

"Caro Quintero, ya en la puerta del restaurante, me voltea a ver y me dice: 'Véngase'. Y al momento salimos y los agarramos casi en la calle. Los tiramos en el piso del estacionamiento y para ese momento ya estaba ahí la demás gente de las escoltas", dice José 1 al hacer el recuento de los acontecimientos de ese día.

Por su parte, José 2 recuerda que cuando agarraron a los dos estadounidenses él se fue a buscar a González Ontiveros. "Oye, Luis, ya traen a putazos a dos gabachos que acaban de agarrar. Yo escuché que dijeron que eran de la DEA", le dijo José 2 a su jefe.

González Ontiveros les ordenó a éste y a otros elementos de la policía que se regresaran a la comandancia, pero el comandante se quedó en La Langosta.

Los dos estadounidenses que llegaron ese 30 de enero a La Langosta en busca de diversión no pertenecían a la DEA. Eran Alberto Radelat, de 32 años de edad, y John Walker, de 36.

En la recreación de los hechos, José 1 recuerda que después de tirarlos en el piso del estacionamiento, luego de darles algunas patadas en el cuerpo, los levantaron en peso y los llevaron a una de las bodegas del restaurante, donde se encontraban las hieleras:

"Los recargaron sobre las hieleras donde estaban las cervezas y Caro Quintero sacó su pistola [calibre .45 que tenía las cachas adornadas con diamantes y las iniciales R1, su clave de radio] y con ella le dio en la cabeza a uno de los dos [a Radelat].

"De la fuerza del golpe que le dio en la cabeza, a la pistola se le rompió una de las cachas. Caro Quintero se encabronó más. Al otro, Javier Barba y Rubén Zuno Arce, y otros que no recuerdo exactamente porque eran muchos, le estaban clavando picahielos por todo el cuerpo y le daban golpes en la cara, a puño cerrado. 'Para que vea la DEA cómo tratamos a su gente', gritó Caro Quintero en la bodega del restaurante La Langosta".

Durante la entrevista con J33, este ex policía judicial confirmó todo lo relatado por José 1, aunque hizo un agregado espeluznante:

"Los estaban golpeando muy feo. Uno estaba tirado en el suelo sin sentido [Radelat] y lo seguían picando y pateando, pero en eso Javier Barba agarró un cuchillo que estaba ahí mismo en ese lugar del restaurante, y agarró del pelo al otro [Walker], que estaba tirado con la cara sobre el piso, y lo degolló. Le cortó el cuello y lo mató", subraya J33.

Fonseca Carrillo y *Cochiloco*, quienes no participaron en la golpiza a los dos estadounidenses, al ver lo que hizo Barba se dieron la vuelta y salieron de la bodega hacia las mesas donde habían estado comiendo y bebiendo.

José 1 recuerda que cuando Fonseca Carrillo salió, Caro Quintero dio la órden de que los enredaran en manteles, de modo que los sacaron al estacionamiento para subirlos a una camioneta.

A los dos bultos los pusieron en el suelo mientras decidían en qué camioneta los echaban, pero en eso se levanta uno (*Radelat*) y se echa a correr. Yo que estaba cerca de él me le aventé encima y lo derribé.

"¿Quién fue el pendejo que lo dejó vivo?", recuerda José 1 que gritó muy enojado Caro Quintero, y acota: "A mí me dio las gracias por haberlo agarrado".

Una vez controlado del intento de fuga, a Radelat y a Walker los envolvieron nuevamente en los manteles y además los ataron con cuerdas para inmovilizarlos y echarlos a una de las Bronco.

"Obvio —dice José 1— que al que intentó escapar lo volvieron a golpear más fuerte, patadas, golpes con las armas y puñetazos en la cara, pero cuando lo echaron en la camioneta todavía estaba vivo."

Con la situación totalmente bajo control, de La Langosta salió todo un convoy de Grand Marquis y camionetas Bronco.

"Nos fuimos por toda la avenida López Mateos —añade J33— hacia una bodega muy grande que tenía Caro Quintero por la salida a la carretera a Morelia, nos llevaron a buscar picos y palas."

En el camino, Fonseca Carrillo, según el relato de José 1, dio la orden a su chofer de que se saliera del convoy para dirigirse a La Bajadita.

"Ya no me tocó estar en la bodega", dice José 1.

Al lugar donde J33 afirma que Caro Quintero tenía almacenadas "cientos y cientos de pacas y pacas de a 50 kilogramos de mariguana, llegaron sólo unos cuantos de los autos que integraban el convoy original que salió de La Langosta: en la bodega —enfatiza—, Caro Quintero le dio la orden a López Romero y a otros que fueran a enterrar a los gringos".

Caro Quintero ordenó que enterraran a John Walker y Alberto Radelat en un paraje de Bosques de la Primavera. Entre los que cumplieron la orden de sepultar a los dos estadounidenses, J33 sostiene que comentaban que a uno [Radelat] lo habían echado vivo a la fosa.

Según José 2, sus colegas de la escolta de Fonseca Carrillo que participaron en el entierro comentaron que terminaron el trabajo como a las 3 o 4 de la mañana del 31 de enero.

"Al otro día —apunta— yo le pregunté a Luis González Ontiveros qué había pasado con los dos batos aquellos, pero no me respondió. Se quedó callado y se dio la vuelta, remata.

El restaurante La Langosta se encontraba ubicado frente a la Plaza del Sol, de Guadalajara, por la avenida Mariano Otero, cerca de la glorieta Arcos del Milenio. Donde estaba La Langosta construyeron una discoteca.

A principios de la década de los noventa, a petición de los familiares de Radelat y Walker, la fiscalía federal encargada del caso Camarena en Los Ángeles envió a Guadalajara a un grupo de expertos forenses y a López Romero, ya como testigo protegido de Estados Unidos. Acompañados por autoridades mexicanas, fueron a Bosques de la Primavera guiados por López Romero para ubicar el lugar donde en 1985 enterraron a Radelat y Walker.

"No se pudo hacer nada —aclara Berrellez— porque en el punto que señaló el testigo protegido no se podía escarbar. El lugar es un fraccionamiento, ya habían construido muchas casas allí."

9

"Me la hizo y me la va a pagar el cabrón"

"El 6 de febrero de 1985, al filo del mediodía —narra José 1—, Samuel Ramírez Razo me pidió que lo acompañara. Fuimos a la casa en la calle Lope de Vega.

"En ese momento no sabía a qué íbamos a esa casa. Al llegar, Ramírez Razo se bajó del coche y me ordenó que no me bajara.

"Caminó a la casa y tocó a la puerta. Se asomó una persona a la que yo identifiqué como Rubén Zuno Arce. Le abrió y se metieron a platicar, estuvieron dentro un buen rato.

"De Lope de Vega nos regresamos a la casa donde estaba don Ernesto, que era en la casa de Hidalgo. En esa casa pasamos la noche. Al día siguiente, temprano, *don Neto* me dijo que me preparara porque íbamos a salir, dijo que íbamos a ir a un asunto para agarrar a Camarena. Fonseca Carrillo me preguntó si conocía a Camarena, el de la DEA.

"No respondí nada porque simplemente era una orden. Mandó que nos subiéramos en el carro Grand Marquis azul, blindado. Don Ernesto iba manejando, yo a su lado con un radio que me dijo que tenía que traerlo en la mano porque iban a hablar por ese medio cuando agarraran a Camarena. Me advirtió que la clave sería "EL DOCTOR YA VIO AL PACIENTE".

"En la parte de atrás del auto iba Andrés Toussaint Saavedra y el medio hermano de don Ernesto. El jefe me preguntó en qué parte nos podíamos estacionar cerca del consulado de Estados Unidos. Nos pidió a todos que estuviéramos muy listos.

"Nos estacionamos por la calle de López Cotilla, por donde hace esquina con Prisciliano Sánchez y cruza con Moscú. Allí está una especie de cuchilla donde se pudo estacionar el carro. Quedamos mirando la parte oriente en relación con el consulado.

"*Don Neto* me dijo que en los alrededores había más gente. Era de suponer que hubiera varios carros. Estuvimos allí varias horas, hasta que por el radio nos avisaron que "EL DOCTOR YA HABÍA VISTO AL PACIENTE".

"'Vámonos: ya agarraron a Camarena', dijo Fonseca Carrillo al momento de escuchar la clave que nos dieron por el radio.

"*Don Neto* arrancó el motor del Grand Marquis azul y se dirigió a la casa de Lope de Vega. Llegamos a la casa por la parte de atrás, donde está el portón. Al entrar se estacionó. Se bajó del auto y se metió a la casa.

¿Cuántos llegaron con Fonseca Carrillo a la casa de Lope de Vega?

Como unos 10 o un poco más, no me acuerdo exactamente. Pero cuando lo vieron llegar salió el mismo Rafael Caro Quintero y le dijo que ya tenían amarrado a Camarena, que estaban en el cuarto de servicio.

Fonseca Carrillo y Caro Quintero fueron al cuarto donde lo tenían. Yo escuché que Caro Quintero le dijo: "Mira, ahí está el cabrón este, ya me lo voy a chingar. ¡Ya me lo chingué!"

Se salieron del cuarto de servicio donde estaba Camarena y se metieron a la parte central de la casa, donde ya se encontraba mucha gente reunida. Yo me quedé afuera de la casa con el escolta. A la casa entraba y salía mucha gente: *el Amadito*, Javier Barba, gente conocida de la escolta de Caro Quintero.

¿Usted vio a Camarena en la habitación donde lo tenían?

Sí, me asomé y ahí, efectivamente, tenían a Camarena. Estaba amarrado sobre una cama, con los ojos vendados y atado de pies a manos. Como a las dos horas de que metieron a la casa a Camarena, llegó Félix Gallardo y su gente. Llegaron con una persona que tenía tapada la cabeza con una chamarra verde, como de militar.

Uno de la escolta me dijo que al que llevaban tapado "era el cabrón piloto amigo de Camarena [Alfredo Zavala Avelar, empleado de la Secretaría de Agricultura y Recursos Hidráulicos, SAHR].

Por cierto, entre la gente de la escolta de Félix Gallardo que llevaba al piloto iban *el Mayo* Zambada y *el Chapo*, ellos también estuvieron en la casa de Lope de Vega, como yo y como muchos más de los que cuidábamos a los jefes. Al piloto lo metieron al mismo cuarto donde tenían a Camarena.

¿Quiénes eran las personas que estaban en la sala de la casa reunidos con Fonseca Carrillo, Caro Quintero y los demás?
Estaban los generales Vinicio Santoyo Feria y [Juan]Arévalo Gardoqui, estaba Manuel Bartlett Díaz, [Miguel] Aldana Ibarra, Manuel Ibarra Herrera, el cubano, ese tal *Max* y otros.

A mí ese cubano no se me olvida, me acuerdo que una vez a una de las casas de seguridad nos llevó armamento, rifles largos y granadas. Javier Barba me puso a llenar de pólvora las granadas que llevó ese cubano y otra persona que lo acompañó que iba vestida de traje. Barba me explicó que uno, el cubano, era de la CIA y que el otro, el de traje, era capitán del Ejército. Ese día a don Ernesto se le escapó decir que el cubano se llamaba Félix, pero le decían *Max*. El día que llevaron a Camarena a la casa de Lope de Vega, el Max estaba con otro extranjero, creo que también era cubano, por cómo hablaba.

¿De qué estaban platicando en la sala?
No sé, pero todos, en algún momento, salían de la sala y entraban al cuarto donde estaba Camarena y el piloto. Todos fueron

a verlo, los generales, Bartlett Díaz, aunque no sé si todos iban a interrogarlo.

Andaban todos muy nerviosos, como espantados. Era un ambiente muy pesado, muy tenso, se sentía el peligro. El peligro de muerte estaba presente en cualquier momento, aunque fuera uno de mucha confianza o de los más allegados a los jefes. En ese momento, y sobre todo si los jefes andaban muy drogados, la vida no valía nada. Por un capricho, *don Neto* o Rafael podían ordenar que mataran a cualquiera, había mucha desconfianza.

¿Usted vio a Max hacerle preguntas a Camarena?

Sí, Max y el otro extranjero. Pero nunca escuché qué le preguntaban. Uno de los escoltas que estuvo dentro cuando estaba Max y el otro con Camarena, me contó que el cubano quería saber cuánta información había pasado, y que cuánta gente más trabajaba con él en la investigación [sic].

¿Sabe qué contestó Camarena?

No, no sé si contestó porque ya estaba muy jodido cuando yo lo vi. Ya lo habían golpeado mucho; desde que lo metieron al coche cuando lo levantaron le empezaron a pegar. Caro Quintero había dado la orden de que lo ablandaran a chingadazos.

¿Como cuánto tiempo estuvieron Max y el otro cubano interrogando a Camarena?

No sé exactamente, pero calculo que como de unos cinco a diez minutos. Allí fue como una romería, como la visita a una iglesia, de puro político, de puro narcotraficante.

¿Había alguien específico a cargo de Camarena, para interrogarlo y para golpearlo?

[Sergio] Espino Verdín. A él sí lo vi cuando, junto con *el Güerón* y *el Italiano* [no recuerda su nombre], golpeaban a Camarena. *El Güerón* era quien le estaba brincando encima a Camarena, le caía con las rodillas sobre la espalda o en el estómago.

Al que tenían en el suelo de la habitación era al piloto. En ese cuarto había dos camas y en medio un buró. Sobre el buró tenían una grabadora, estaban grabando todo.

¿Cómo era la grabadora que tenían sobre el buró?

Era una grabadora grande, de las de antes, de doble casete. Una cosa sí dejo en claro: yo no vi cuando golpearon al piloto.

¿Cuánto tiempo estuvieron los políticos en la casa de Lope de Vega?

No lo sé exactamente, pero estuvieron mucho tiempo, horas tal vez. Algunos se empezaron a ir cuando vieron que se armó un pleito, porque Fonseca Carrillo se puso a discutir con Rafael.

¿Por qué discutieron?

Se encabronó porque estaban golpeando mucho a Camarena, y le reclamó a Caro Quintero. Estaban afuera del cuarto donde tenían a Camarena y al piloto, sobre el pasillo que llevaba a la sala. Don Ernesto le decía a Caro Quintero que no lo fueran a chingar mucho, que no lo fueran a matar. "Ya lo están chingando mucho", le advirtió.

Caro Quintero le respondió: "A mí me vale madre. Me la hizo y me la va a pagar el cabrón".

Don Ernesto se enojó mucho y a los de su escolta nos dio la orden de que nos fuéramos de la casa de Lope de Vega.

Antes de que nos saliéramos con don Ernesto, habían mandado llamar al médico, a Humberto Álvarez Machain. Yo vi cuando llegó este doctor y cuando entró al cuarto donde estaba Camarena,

105

pero no miré qué hizo adentro. De lo que hacía con Camarena, el doctor salía a informar a Caro Quintero directamente.

Cuando nos fuimos con don Ernesto a la casa de Hidalgo, en la casa de Lope de Vega se quedaron con Caro Quintero los generales y Bartlett Díaz. Antes de subirse al Marquis, don Ernesto le dijo a Rafael que Camarena se les iba a morir, y Caro Quintero respondió: "Me vale madre".

Al llegar a la casa de Hidalgo, don Ernesto se empezó a drogar, a tomar baserola [otra manera de llamar al basuco] y coñac. "Este hijo de la chingada la va a regar", decía en referencia a Caro Quintero.

Un rato después de que se drogó y tomó el coñac, don Ernesto, ya bien encabronado, sacó la [pistola] .357 y empezó a disparar hacia el pasillo; cuando se le acabaron las balas del cargador, agarró su cuerno de chivo e hizo lo mismo. Se acabó todas las balas y me ordenó que le consiguiera más para el cuerno.

En ese momento llegó Ramírez Razo y me dijo no le diera más balas porque nos iba a matar. Samuel se hizo cargo de que dejara de insistir en lo de que le diéramos más balas.

¿Como cuántas descargas disparó?

Muchísimas, tenía como seis cargadores del cuerno de chivo, se acabó la carga de la .357, de la .45 y de la .25 que siempre llevaba en la bolsa. Cuando estaba disparando decía: "Se va a chingar la cosa. Pinche Rafael, la va a regar toda, este cabrón tiene la culpa".

Después de un rato, cuando se quedó sin balas, se calmó; Samuel se metió con él a su habitación de la casa y ahí se quedaron a seguir tomando coñac y baserola.

¿Cuándo se entera Fonseca Carrillo que habían matado a Camarena?

Al día siguiente por la tarde. Se puso otra vez como loco. Toda la mañana se la pasó encerrado en su cuarto, pero Samuel se fue y regresó como al mediodía, lo fue a despertar y le dijo lo de Camarena y el piloto.

Don Ernesto salió muy encabronado y gritando: "Ya nos llevó la chingada". Aventaba cosas, las rompía, aunque ya no aventó de tiros. Se volvió a encerrar en su cuarto. Estuvimos unos días en la casa de Hidalgo sin salir.

¿Qué hacía encerrado en su habitación?

Drogarse y tomar, estaba con Rocío, su mujer. Una de sus amantes.

¿Quién era Rocío?

Era su esposa —contesta José 1, y antes de seguir su recreación de la historia suelta varias carcajadas—. Se casaban por la Iglesia, pero eran bodas ficticias con sacerdotes de verdad. A los padres les pagaban dinero para que los casaran, era una burla para la Iglesia. Fonseca Carrillo era muy católico, pero a su conveniencia.

Cuando por fin se le ocurrió irnos de la casa de Hidalgo, nos dio la orden de llevarlo a los departamentos de Loma Linda. Nos dijo que ya se había comunicado por teléfono con Caro Quintero. De la casa ya salió un poco más tranquilo, pero [todavía] se le notaba muy nervioso; siempre que andaba enojado traía un juego de llaves en la mano. El día que nos fuimos a los departamentos llevaba las llaves.

Al llegar [...] también se encerró. Se le veía muy desconfiado, se asomaba mucho a la calle desde su ventana. Estando allí, mandó llamar al teniente coronel José María Garma González, de la 15ª Zona Militar, para tratar el asunto.

El teniente coronel llegó a los departamentos ya atardeciendo, se puso a platicar con don Ernesto y con Ramírez Razo. Al rato, el teniente coronel salió de los departamentos bien contento, llevaba un paquete en la mano. Luego de que se fue el militar, llegó el agente del ministerio público Edgardo Levy Gallardo y también salió de los departamentos con su paquetito.

A unos días de la muerte de Camarena, hubo una fiesta en la casa de Acueducto [La Bajadita]. Aunque las cosas ya andaban muy mal porque la fiesta no duró mucho.

Ese día, a esa fiesta, llegó Caro Quintero con Miguel Aldana Ibarra y pasó una cosa muy rara, el licenciado Tarabay Hernández le comunicó a don Ernesto que Caro Quintero ya había convencido a Sara Cosío Vidaurri Martínez de que se fuera con él. Le preguntó si podía hacer algo porque eso iba a provocar broncas. "A mí no me importa eso, son broncas de mi compadre", le respondió Fonseca Carrillo.

¿Quién era el licenciado Tarabay?

Sólo recuerdo que le decían así, licenciado Tarabay Hernández. Era el enviado del gobernador [Enrique] Álvarez del Castillo.

¿Fonseca Carrillo habló con Caro Quintero sobre lo de Sara?

En esa fiesta no, pero en otra ocasión, después de la fiesta en La Bajadita, cuando estábamos en una granja que tenía Caro Quintero cerca de la basílica de Zapopan, justo cuando ya se habían desatado todas las broncas porque la DEA y el gobierno de México no encontraban a Camarena, se comentó algo sobre Sara.

Cuando hablaron de ella, Caro Quintero se puso muy pesado, pensamos que se iba a desatar una balacera porque quien hizo los comentarios fue *el Picochulo*, Sergio Salcido Uzeta —hermano del *Cochiloco*—, a quien por el sistema de comunicación de radio también identificaban como *Gabino* o *el comandante Sergio*, pero se calmó la cosa porque llegaron varios carros de la federal. Eran Aldana Ibarra y Manuel Ibarra Herrera.

Los dos federales se metieron a la sala a hablar con los jefes. Cuando terminó la reunión, don Ernesto y Caro Quintero salieron encabronadísimos; comenzaron a tomar y a fumar basuco. Se pusieron hasta las manitas. Al ver eso, el *Picochulo* se mantuvo alejado de Caro Quintero. Nunca me enteré exactamente de qué hablaron con los dos federales. Otras gentes de la escolta de Caro Quintero dijeron que discutieron el asunto de los cadáveres. Yo nunca escuché nada sobre los cuerpos [sic].

El día del secuestro de *Kiki* Camarena, José 2 se encontraba con el teniente coronel del escuadrón de apoyo del grupo antimotines del estado, Antonio Gárate Bustamante. Por la mañana habían ido a ver al coronel Gabriel Vera Fonseca, jefe de ambos.

"El mismo día que lo secuestraron —dice José 2, a quien Gárate Bustamante lo puso al tanto del incidente del agente de la DEA— se empezó a regar la pólvora.

"Por la radio me estaba llamando un teniente del Ejército, cuyo nombre ya no recuerdo, pero que era mi contacto en la base aérea cuando me enviaban a recoger los cargamentos de armas —explica José 2 en la reconstrucción de los acontecimientos del día 7 de febrero de 1985—. Teníamos unos radios que el tal [Victor] Lorenzo [Lawrence] Harrison nos había arreglado. El teniente me dice por la radio: "Ahí te encargo los zapatitos del agente de la DEA que secuestraron". El teniente me estaba bromeando, y pensando que yo sabía todo lo que había pasado con Camarena —apunta José 2.

"Minutos después de la llamada por radio del teniente, el radio de Gárate Bustamante también empezó a sonar, y fue cuando el comandante comenzó a recibir información sobre Camarena.

"Nosotros habíamos estado en la casa [de Gárate Bustamante] toda la noche, no habíamos salido. El comandante empezó a hablar por radio. Un rato después me dijo: '¿Sabes qué?, ¿te acuerdas de la

109

fotografía que nos enseñaron [con el restaurantero]? Ya levantaron al agente de la DEA. Ahora tenemos que esperar'.

"No nos movimos nosotros de la casa. Antonio consumía mucha cocaína, se bajó a su oficina y comenzó a tomar y a polvearse. Más noche me dijo: 'Vamos a darnos una vuelta'. Fuimos a la residencia de Las Fuentes, una casa que era de Ernesto Fonseca Carrillo, donde vivió Antonio Gárate como unos ocho años.

"Al llegar a Las Fuentes, Gárate Bustamante llamó por el radio al comandante de la Dirección Federal de Seguridad (DFS), Miguel Ángel Vielma Heras, *el Negro Vielma*; le dijo que fuera a la casa de Las Fuentes. Luego de unos minutos llegó *el Negro Vielma* con cinco elementos de su grupo, él, dos oficiales y dos madrinas. Se movían en puros Grand Marquis.

"—¡Quihubo, Toño!, ¿qué hay? —dijo el Negro Vielma al llegar.

"—Nada, aquí estamos. ¿Traes algo? —respondió Gárate Bustamante.

"—No, pero ahorita me van a traer —reviró *el Negro*.

El testigo protegido recuerda que una media hora después llegó un enviado de Félix Gallardo y le entregó al *Negro Vielma* una onza de cocaína:

"En la residencia de Las Fuentes se pasaron toda la noche y fue ahí cuando a través de las comunicaciones del radio empezaron a hacerse comentarios sobre el secuestro, continúa José 2. Pero ninguno de los dos sabía mucho, no sabían dónde estaba Caro Quintero, dónde estaba Fonseca Carrillo. Antonio Gárate le llamaba a Fonseca Carrillo, pero no le contestaba.

"Hubo hermetismo durante dos días. Hasta el tercer día, Fonseca Carrillo se comunicó con Gárate Bustamante. Recibimos la orden de que nos fuéramos a la casa de Cuarzo, que está cerca de donde estaba el restaurante La Langosta. En esa casa estaba don Ernesto. Andaba muy desesperado, quizá por eso la presencia de Gárate lo calmó un poco. Con Gárate a su lado, Fonseca Carrillo se sentía respaldado, le tenía respeto, era hombre de pelea.

"Cuando estábamos en la casa de Cuarzo, don Ernesto le comentó a Toño Gárate que las cosas estaban mal. Que habían cometido una pendejada. Cuando nos retiramos de esa casa nos empezamos a dar cuenta de la gravedad de lo que pasaba, porque empezó a salir en las noticias lo del secuestro de *Kiki* Camarena.

"Gárate Bustamante ya no se movía mucho, como antes; se la pasaba en la casa, íbamos solamente al restaurante El Yaqui. Una vez en [ese] restaurante [...] Toño Gárate confrontó a Antonio Padilla. Gárate Bustamante acusaba a Padilla de que él había sido el que puso a Camarena. Padilla nunca dijo nada.

"Antonio Gárate pensaba que Padilla era informante de *Kiki*, por eso lo querían quebrar. Y por el hecho de que Padilla tuviera una fotografía con *Kiki* Camarena, nos hacía pensar a todos los que estábamos en la policía que fue Padilla quien identificó a Camarena ante los narcos.

Cuando Fonseca Carrillo se vio con Gárate Bustamante, ¿no le dijo nada más, sólo que habían cometido una pendejada?
No dijo nada más, sólo eso.

¿Qué se decía entre los policías del secuestro de Camarena?
Estaban nerviosos hasta cierto punto. Estamos hablando de Gabriel González González, quien era el jefe de homicidios y trabajaba para Ernesto Fonseca Carrillo. Antonio Gárate no tenía mucha vela en el entierro, pero él también se preguntaba cómo reaccionaría el gobierno gringo. Nadie entendía por qué lo habían matado, sabiendo que era agente federal de Estados Unidos.

Como a los 15 días de eso, alguien le dijo a Gárate Bustamante —nunca descubrí quién fue— que se habían hecho grabaciones cuando interrogaron y torturaron al agente de la DEA. Que se habían grabado cinco casetes. Para entonces todo el mundo en la policía sabíamos que lo habían torturado en la casa de Lope de Vega.

¿Le dijeron a Gárate Bustamante quién hizo las grabaciones?
No, no lo comentaron.

¿Qué se comentaba sobre la tortura a Kiki *Camarena?*
Bueno, yo conocía la forma de actuar de Sergio Espino Verdín. Sabía cómo trabajaba, o cómo le gustaba que se trabajara. Dentro del [Departamento de Investigación Política y Social] DIPS tenía a un tipo que se llamaba Manuel, le decían *el Meno*, y era el más matón del DIPS.

En el DIPS el grupo que comandaba Espino Verdín estaba formado por Jorge Salazar Ramos, *el Patón*, quien era el segundo de mando, Luis González Ontiveros, *el Meno*, *la Colorina*, *el Doc*, uno de apellido Piña y su servidor.

¿Cómo trabajaba Sergio Espino Verdín?
Era muy sanguinario.

Cuénteme.
Mire, por ejemplo, llegamos a agarrar gente bajando mariguana de la sierra, en camiones Torton. Nosotros nos encargábamos de decomisarles todo. Una vez que les confiscábamos la droga a mí me tocaba manejar la carga; yo era el transportista, el que movía el vehículo. El que se encargaba de matar a los choferes era *el Meno*. Les daba el tiro de gracia. Yo lo vi hacerlo. A los choferes se les bajaba del vehículo y a una seña con la mirada del *Patón*, o de Espino Verdín, *el Meno* ya sabía que tenía que matarlos.

112

Lo agarraba, lo hincaba y le ponía un balazo en la frente. No se les interrogaba ni nada. Era pura rapiña, era llegar y levantar el cargamento.

El camión con el cargamento lo resguardaban con motos a los lados y adelante, y atrás una patrulla, custodiando. Llevábamos la carga a la granja de Fonseca Carrillo que está por el Periférico, en la carretera a Morelia, donde tenía pipas y tráileres. En ese lugar se descargaba el camión.

A los que se les bajaba la carga, eran mariguaneros independientes que no trabajaban para la organización. Por la noche, al camión nos encargábamos de sacarlo de la granja y desbarrancarlo. Buscábamos una barranca, ahí por la Cola de Caballo, y ¡órale! Ése era el mando que tenía Espino Verdín, no dejar testigos ni pruebas.

¿Pero cómo eran las torturas?
Estuve presente en varias torturas, lo vi.

Descríbame las más cruel que haya visto que apliquen.
Lo más cabrón era un tormento que le dicen *el pocito*. Se usa una tabla de 10 centímetros de ancho, de 2 o 3 metros de largo, donde amarran a la persona. Con los ojos vendados le ponen encima una franela y le empiezan a dejar caer agua poco a poco, para hacerlo sentir asfixia. Además está otro con una chicharra eléctrica, y a darle toques en los testículos. Después de tres o cuatro minutos, la persona dice hasta lo que nunca ha visto en su vida. Y hace todo lo que se le pide.

A otros los metíamos en un aljibe (*tambo*) que teníamos en la oficina, con agua, y los zambutíamos. Los teníamos así hasta que sentíamos que ya no hacían fuerza, los sacábamos y les dábamos aire y los volvíamos a meter.

Hacíamos que se tragaran su propio excremento; eso lo hicimos muchísimas veces estando Espino Verdín ahí, a él le gustaba ver que estuviéramos haciendo eso.

Dice Héctor Berrellez que de todas las cosas que encontró y descubrió durante las investigaciones de la Operación Leyenda lo más deplorable y triste fue escuchar las grabaciones de la tortura de Camarena. El ex agente de la DEA aclara que todo lo que se documentó en la investigación sobre la tortura se desprende del resultado de la autopsia que se le practicó al cadáver de Camarena —cuya historia se detalla más adelante—, de lo que se escucha en las grabaciones y de lo que declararon todos los testigos protegidos que presenciaron el crimen.

"Por ejemplo —comenta Berrellez—, a *Kiki* le quemaron el pecho con colillas de cigarro y con la pólvora que le sacaron a las balas de AK-47. Le ponían la pólvora sobre el pecho y le prendían fuego.

"*Kiki* grita: 'Ya no me quemen, ya no me estén quemando'. Y el que lo estaba torturando era Espino Verdín. A Camarena también le sacaron las uñas.

"La gente de Caro Quintero se ensañó con *Kiki*. Dicen que Caro Quintero era bien violento, prepotente, que tenía muchos güevos. Quién iba a parar a un tipo como ése, ni la DFS lo paraba.

¿Qué fue lo que mató a Camarena?

Le dieron con una barreta en la cabeza. Tenía un perforación cerca del cerebro.

¿Lo mataron en la casa de Lope de Vega?

Kiki estaba vivo cuando lo sacaron de la casa. Lo mataron en el carro. También el piloto (*Zavala Avelar*) estaba vivo cuando los sacaron de la casa. Caro Quintero mandó que los enterraran, los dos iban agonizando cuando los echaron al carro. Fue uno de los Tierra Blanca, no me acuerdo quién; Eliseo, me parece; le dio con la barreta en la cabeza y lo mató [sic].

Al piloto lo enterraron vivo en el mismo hoyo en el que echaron a *Kiki*. Los enterraron en el parque Primavera. Ahí donde habían enterrado a los testigos de Jehová y a los otros dos estadounidenses.

¿Se ensañaron con Camarena cuando Fonseca Carrillo se fue de la casa de Lope de Vega?

Sí, fue cuando le quitaron las vendas de los ojos porque Caro Quintero ya había dado la orden de que lo mataran. Eso fue exactamente lo que pasó.

Como supervisor de la Operación Leyenda y [...] de la investigación, hubo algunos aspectos que fueron muy misteriosos para mí. Una de las cosas que me llamó mucho la atención fue la agenda de *Kiki* Camarena, la cual me entregó la oficina de la DEA en Guadalajara después de que lo habían matado.

Hicimos una investigación muy detallada porque la agenda tenía los nombres de mucha gente, números de teléfono, fechas de citas con diferentes personas con quienes se entrevistó antes de su muerte, semanas y días antes. Toda esa información de la agenda eran pistas que teníamos que seguir e investigar.

Algo que al principio me llamó mucho la atención de la agenda de *Kiki* fue el nombre de Manuel Buendía [el periodista autor de "Red Privada", columna política que publicó en varios periódicos nacionales, asesinado el 30 de mayo de 1984]. Tenía un número de teléfono de esta persona. Siendo un agente estadounidense, para mí este nombre no significaba nada.

Cuando pregunté quién era Manuel Buendía, me explicaron que era un periodista mexicano que mataron la CIA y la DFS.

115

¿Esto quién se lo dijo?

Personas que yo conocía en México, fuentes e informantes mexicanos que obviamente conocían el asunto.

¿Le dijeron por qué lo mataron?

Hice una investigación del asesinato de este periodista y llegué a la conclusión de que a él lo mataron porque sacó unos artículos en su columna, en los cuales [...] acusa a la DFS de proteger a narcotraficantes y también acusa a la CIA de estar asociada con la DFS en muchos negocios turbios.

Incluso él identifica por su nombre a agentes de la CIA que estaban en México. Eso me llamó mucho la atención, pero obviamente yo no podía hablar con Manuel Buendía porque ya estaba muerto.

La oficina de la DEA en Guadalajara, además de la agenda, me entregó todas las pertenencias que tenía *Kiki* en la oficina; nos entregaron todo para que no se nos fuera a pasar ningún detallito.

Dejando de lado lo de Buendía, por lo que nos habían dicho de la CIA y que además no era mi asunto, iniciamos las investigaciones sobre el caso de *Kiki*. Sabíamos que los sospechosos tenían que ser los narcotraficantes grandes. Los principales [...] eran Miguel Ángel Félix Gallardo, Rafael Caro Quintero, Ernesto Fonseca Carrillo, Juan José Esparragoza Moreno, *el Cochiloco*, el *Picochulo*, Matta Ballesteros, el hondureño, en fin, todos los del cártel de Guadalajara.

La investigación se iba a enfocar en ellos, y así lo hicimos. Por eso los investigamos, les comprobamos [sus delitos] y los arrestamos. Gracias a los resultados que arrojó la Operación Leyenda nos dimos cuenta en qué lugar habían interrogado y matado a Camarena, que fue en la casa de Lope de Vega, de Rubén Zuno Arce. En esa casa se hizo una investigación muy detallada, llegaron expertos forenses de Estados Unidos. Se encontraron rastros de sangre, pelo y vellos, huellas digitales y muchas cosas más.

116

Gracias a esas investigaciones forenses descubrimos que una de las personas que había estado en la casa fue Juan Ramón Matta Ballesteros. Y también, como era de esperarse, en un cuarto de la casa había muestras de sangre de Camarena y de otras personas; entre ellas, el piloto Alfredo Zavala.

En la Operación Leyenda nos interesaba saber una cosa: por qué habían asesinado a *Kiki* Camarena, por qué a él, habiendo tantos agentes de la DEA que trabajaban en México y cuyas identidades eran conocidas.

En las oficinas de la DEA había agentes que estaban trabajando abiertamente, que se enfocaban en dirigir investigaciones, en ese entonces, con la PJF y la judicial del Estado. Aunque en México había también agentes encubiertos.

Kiki Camarena no trabajaba como agente encubierto, él era reconocido en Guadalajara, trabajaba abiertamente. Él conocía a los comandantes de la judicial federal y del estado.

¿Eso quiere decir que Camarena estaba registrado como agente de la DEA y no como diplomático de Estados Unidos ante la Secretaría de Relaciones Exteriores?

Exacto, tenía su carnet, no tenía pasaporte diplomático. En aquellos tiempos el gobierno de México a los agentes de la DEA no nos permitía portar pasaporte diplomático; yo también estaba allá [en México]. Los agentes de la DEA no teníamos el pasaporte negro, que es el que le correspondía a los diplomáticos.

La Secretaría de Relaciones Exteriores de México nos daba un carnet, y con ese carnet nos [aseguraban] protección, ciertas garantías, privilegios, similares a los que se le conceden a un diplomático. Es lo que *Kiki* traía. Es decir, aun sin el pasaporte negro el gobierno de México reconocía a *Kiki* Camarena como diplomático, en este caso, del consulado de Estados Unidos en la ciudad de Guadalajara.

10

Balacera en El Mareño

La reacción del gobierno de Estados Unidos frente a la desaparición de Enrique *Kiki* Camarena fue como si hubiera golpeado un panal de abejas con un garrote.

En los días siguientes al asesinato del agente de la DEA y del piloto mexicano Alfredo Zavala Avelar, Rafael Caro Quintero temía que dentro de su organización hubiese una fuga de información. La molestia de Ernesto Fonseca Carrillo por el asesinato de Camarena y el repliegue y bajo perfil que empezaron a asumir otros jefes del grupo, como Félix Gallardo, *el Cochiloco* y Esparragoza Moreno, desataron una crisis de nervios en Caro Quintero. Los testigos protegidos dicen que en esos días la gran preocupación y el mayor motivo de discrepancia dentro del cártel de Guadalajara era encontrar un lugar donde esconder los cadáveres para que las autoridades nunca los localizaran.

La presión del gobierno de Estados Unidos sobre el de México para localizar al agente de la DEA provocó incluso que algunos policías judiciales involucrados con el cártel de Guadalajara decidieran desaparecer del entorno. Sin embargo, la escisión en la estructura del cártel en ese momento era imposible.

"Fueron por mí a mi casa —dice J33—. Yo me había reportado enfermo luego de lo que pasó con Camarena. Uno de los enviados que fue a mi casa me dijo que Caro Quintero quería verme. Que más me valía que me fuera inmediatamente porque si no me iban a *dar piso* [eliminar] junto con toda mi familia."

Al ex policía judicial lo llevaron a la casa de la avenida Hidalgo; ahí estaban Caro Quintero, Fonseca Carrillo, el licenciado Barba,

Espino Verdín y el comandante de la Policía Judicial Federal (PJF) Pablo Alemán Díaz.

"Se me queda aquí con nosotros, todo el tiempo, porque hay mucha fuga de información", le ordenó Caro Quintero a J33.

A partir de ese momento, los jefes del cártel de Guadalajara se separaron en varios grupos para ocultarse. "Andábamos a salto de mata", subraya J33.

En una reunión celebrada en otra casa de seguridad que se encontraba sobre la avenida López Mateos, muy cerca de un manicomio, Caro Quintero citó a los agentes del ministerio público Armando Cuéllar y Edgardo Levy Gallardo. Apunta J33:

"Junto con los dos agentes del ministerio público, Caro Quintero estaba haciendo los planes para ir a sacar los cuerpos de Camarena y el piloto, que los habían enterrado en Bosques de la Primavera."

Al día siguiente de esa reunión, Caro Quintero citó en el hotel Motor Américas a Matta Ballesteros, a *Max*, a Levy Gallardo y a Cuéllar. "Yo estuve presente en la reunión —relata J33—, no participando sino como escolta. Se habló del plan de sacar a los cuerpos; primero se propuso aventarlos a Honduras, con la ayuda de Matta Ballesteros, pero los agentes del ministerio público se opusieron a ello. Fue cuando se decidió ir a tirarlos al rancho El Mareño."

Exactamente a los 21 días de la desaparición de Camarena, el comandante de la PJF Armando Pavón Reyes, a quien el gobierno de Miguel de la Madrid Hurtado le había asignado la misión de investigar el caso, notificó a la DEA en el consulado de Guadalajara que habían recibido una "carta anónima" procedente de California en la que les informaban que los cadáveres de Camarena y Zavala Avelar estaban "enterrados en el rancho El Mareño".

Héctor Berrellez sostiene que la DEA "nunca" pudo descubrir la procedencia ni la autoría de la carta anónima: "El gobierno mexicano —puntualiza el ex supervisor de la Operación Leyenda— dijo

120

que había perdido el original, y lo que entregó a la DEA después de notificarlos, fue una copia fotostática muy mala."

Aunque el grupo de la DEA que estaba concentrado en la búsqueda de Camarena dudó del contenido de la carta anónima. Sin embargo se acordó que con Pavón Reyes se llevaría a cabo el sábado 2 de marzo por la mañana una exploración en el rancho perteneciente a Manuel Bravo Cervantes conocido como El Mareño, en el estado de Michoacán, cerca del pueblo de La Angostura.

El viernes 1º de marzo Caro Quintero había asignado a Víctor López Razón como el encargado de exhumar los cadáveres de Bosques de la Primavera y llevarlos a El Mareño, de acuerdo con la versión de J33:

"A López Razón y a Ernesto Piliado Garza les pagaron en dólares para hacer ese trabajo y se fueron en una camioneta van Ford 1984, color rojo. Esta camioneta tenía en la parte de atrás unas ventanas en forma de cabeza de conejito, como la del símbolo de la revista *Playboy*. La orden que les dio Caro Quintero fue que en la madrugada del sábado dejaran los cuerpos en el rancho, pero nunca les advirtieron que la judicial federal llegaría precisamente ese día."

El comandante Pavón Reyes quedó de acuerdo con el grupo de la DEA en Guadalajara en que a las 8 de la mañana del sábado 2 de marzo saldría la expedición hacia el rancho. En la DEA asignaron al agente Tony Ayala para que acompañara a los elementos de la PJF, aunque pensaban que todo se trataba de "una cortina de humo", como lo explica Berrellez: "En la DEA teníamos informes de que la familia Bravo, los dueños de El Mareño, estaba coludida con los Tierra Blanca".

Como integrante del grupo antimotines, a José 2 lo asignaron como elemento del comando que encabezaría Pavón Reyes. Dice: "Ese sábado salimos de Guadalajara a las 5:45 de la mañana rumbo a El Mareño. Me tocó ir con Gárate y otro compañero en una camioneta X13, superequipada. Llevábamos AK-47 y rifles Galil.

"Cuando llegamos al rancho, ya estaba ahí Pavón Reyes, la Policía Preventiva del Estado, de la que estaban ocho patrullas; [también] un camión de antimotines y nosotros con la X13."

Ese sábado Pavón Reyes violó el acuerdo que había hecho con la DEA: se le adelantó, salió de Guadalajara por la madrugada y no le avisó al agente *Tony* Ayala. De vuelta con José 2:

"Estaba amaneciendo cuando llegamos al rancho, estaba medio oscuro, nadie hacía ruido y el comandante todavía no daba la orden de intervenir.

"Al dar la orden de acercarnos, el grupo que iba adelante, compuesto por agentes de la [Dirección Federal de Seguridad] DFS y los de Pavón Reyes —a nosotros nos colocaron de resguardo—, le tomó por sorpresa que entreabrieran la puerta principal de la casa del rancho.

"Las personas que estaban en la casa empezaron a hablar y de adentro dispararon con una escopeta. Eso fue lo que prendió la chispa; empezó la balacera, parecía que estábamos en guerra.

"En ese momento se abrió completamente la puerta de la casa y vimos que la persona que estaba disparando era una señora con una retrocarga de dos cañones. Como fueron saliendo de la casa, las personas iban cayendo. Ahí nadie pidió que se rindieran, la orden de Pavón Reyes fue acabar con todos. Se eliminó a toda la familia, a los que estaban dentro de la casa del rancho, pero antes de eliminarlos, creemos que uno de ellos pidió ayuda a familiares en Zamora y se quisieron venir, pero no llegaron al darse cuenta del tamaño de la bronca. Fue entonces cuando le hablaron al gobernador de Michoacán, el ingeniero Cuauhtémoc Cárdenas, para que interviniera. Se arrimaron al rancho el Ejército y la policía de Zamora. Cuando llegaron yo pensé que se iba a desatar otra masacre; me imaginé que nos íbamos a enfrentar a los militares y policías de Michoacán, pero por suerte no fue así.

"Al momento del ataque a la casa de la familia Bravo cayeron seis personas y tres quedaron vivos. Agarraron a dos mujeres y a un niño como de diez años que estaba enfermo, tenía como problemas mentales [síndrome de Down].

"Con todo controlado, las mujeres detenidas junto con el niño, el comandante se metió a la casa y dio la orden de que mataran a los que habían quedado vivos. Uno de los agentes de la judicial federal, uno que tenía 27 años, se opuso a que se matara al niño; el comandante ni discutió: mató al agente. Al niño le dieron un tiro en la cabeza, en la parte de atrás.

"Nunca se dijo que al agente de la PJF lo había matado el comandante. Se reportó que había caído en el enfrentamiento con los de la casa. Luego, se acomodaron en una hilera […] los cuerpos de los muertos y comenzó la búsqueda del cadáver de Camarena por todo el rancho. Se movió y se removió todo, pero no encontramos nada. El comandante estaba muy enojado, mentaba madres a todo el mundo y decía que habíamos caído en una trampa."

La explicación que da J33 a que ese día no hubieran hallado los cuerpos de Camarena y Zavala Avelar es que López Razón y Piliado Garza llagaron tarde a El Mareño. "Se les adelantó —dice— la gente de Pavón Reyes y ya no los pudieron tirar en ese momento en el rancho, donde les habían ordenado."

"Berrellez considera que por la forma en que se localizaron, al otro día, los cuerpos de Camarena y del piloto, "quienes los llevaron posiblemente pararon el carro donde iban y simplemente los aventaron a un lado de la carretera", y destaca que en el reporte que se registró en la DEA se apuntó que en el lugar donde estaban los cadáveres no había marcas de llantas de ningún auto: "en el lugar —subraya— había tierra suelta, por eso se manejó también la versión de que los habían bajado a ese lugar desde un helicóptero".

El domingo 3 de marzo por la mañana, antes de que se reiniciara la búsqueda en El Mareño, un vecino de La Angostura vio tirados dos bultos que resultaron ser los cadáveres de Camarena y Zavala Avelar, ya en proceso de descomposición. Las autoridades los llevaron primero a la morgue de Zamora, pero después, por pedido de la DEA, se trasladaron a Guadalajara, donde se les practicó la autopsia.

J33 insiste en que Piliado Garza y López Razón llegaron a El Mareño justo cuando Pavón Reyes ponía en marcha el operativo para allanar la casa del rancho. "Simplemente, no alcanzaron a llegar a tiempo y por eso tiraron los cuerpos en otro lado, en la línea de la barda de las que demarcaban los linderos del rancho", sostiene el testigo protegido, y detalla:

"López Razón y Piliado Garza sacaron de la camioneta van los cuerpos que llevaban metidos en costales y los aventaron. Se regresaron a Guadalajara y lo primero que hicieron fue lavar la camioneta. Luego la metieron a un taller de hojalatería donde le cortaron las ventanas de forma de cabeza de conejo para que las hicieran cuadradas. Dejaron la van en el taller para que la pintaran de otro color.

"Al otro día de haber tirado los cuerpos en Michoacán —continúa J33—, a López Razón lo agarró la gente de Pavón Reyes. Ese mismo día la PJF también arrestó dentro de las mismas oficinas de la PGR, en Guadalajara, al comandante Gabriel González González.

"Antes de que los arrestaran, habíamos estado en otra casa de seguridad, una que está sobre la carretera a Chapala, pasando el aeropuerto a mano derecha. Allí don Ernesto citó al licenciado Tarabay para ir a ver al coronel Garma.

"En eso estaban cuando llegó el comandante González González, y, al verlo, Fonseca Carrillo le ordenó que se quedara en la casa porque si no lo iba a levantar la PJF. Pero el comandante no quiso; dijo: 'El que nada debe nada teme'.

124

"Al comandante González González lo mató la PJF en Guanajuato. Lo mataron a patadas, le reventaron las vísceras. Fonseca Carrillo se encabronó mucho. A nosotros, que éramos de la policía judicial y compañeros de González González, nos dijo que teníamos que vengar su muerte.

"Fonseca Carrillo nos ofreció las armas que necesitaríamos para ir a vengar al comandante. Nos informó que los agentes de la DEA y los de la PJF estaban hospedados en el hotel Laffayette, de Guadalajara. 'Vayan para que los chinguen', nos mandó. Nos quedamos quietos. ¿Cómo sabía don Ernesto que los de la DEA y la PFJ estaban en el hotel Laffayette? Estaba claro que se lo había dicho Pavón Reyes, sólo él lo sabía, porque se suponía que estaba colaborando con ellos en la investigación.

"El plan del enfrentamiento fue idea de *don Neto* y de Pavón Reyes: querían enfrentar a la policía del estado con los de la DEA y la federal. Al rato de que nos propusiera ir a atacar el hotel Laffayette, nos enteramos de que Pavón Reyes, por teléfono, le había pasado esos datos a *don Neto*. Todo el tiempo, desde lo de Camarena, Pavón Reyes se comunicaba por teléfono con Fonseca Carrillo y con el licenciado Barba.

"Como no le hicimos caso para enfrentar a los de la DEA, Fonseca Carrillo nos ordenó que nos fuéramos con él a los departamentos de Loma Linda [...] estuvimos como dos o tres días y fue allí donde vi por última vez a Caro Quintero, antes de que se fuera a Costa Rica. Se pusieron de acuerdo sobre el lugar donde se iban a esconder."

11

La caída de los capos

Con la localización del cadáver de Enrique *Kiki* Camarena y el de Alfredo Zavala Avelar, la DEA comenzó a seguir líneas de investigación más concisas. Por su parte, el gobierno mexicano se vio obligado a aceptar que detrás del homicidio del agente de la DEA había un sinnúmero de funcionarios públicos, policías y militares coludidos con la gente del cártel de Guadalajara. Se destapó una cloaca que alcanzaba a muchos personajes del poder político y policial en todos los niveles de gobierno.

Los nombres de todos los jefes del cártel de Guadalajara se destacaban en los medios de comunicación de Estados Unidos y México, pero en especial el de Rafael Caro Quintero como el responsable del secuestro, tortura y asesinato de *Kiki* Camarena.

Caro Quintero no podía quedarse en México. Con la ayuda de la PJF, y directamente de Pavón Reyes, huyó a Costa Rica.

"Cuando se desató todo el caos —relata J33—, luego de que Caro Quintero se fuera con Sara Cosío a Costa Rica, nos fuimos con don Ernesto a Puerto Vallarta."

Sobre los demás integrantes de la cúpula de mando del cártel de Guadalajara: Félix Gallardo y *el Cochiloco* se quedaron en el estado de Jalisco, aunque se trasladaban con frecuencia al de Sinaloa; Esparragoza Moreno se fue a Culiacán, y el licenciado Barba, a Mazatlán.

J33 recuerda:

"En Puerto Vallarta llegamos a la casa de Candelario Ramos —mano derecha de Rubén Zuno Arce—, frente al hotel Lyon.

Don Ernesto llamó a Pablo Alemán Díaz para que lo mantuviera informado de todo lo que pasaba.

"Desde que llegamos a la casa de Ramos, don Ernesto se la pasó en una habitación, fumando y tomando. Tenía los casetes con la grabación del interrogatorio a Camarena, se pasaba horas escuchándolo [...] se le notaba preocupado: ya habían agarrado a Pavón Reyes por dejar escapar a Caro Quintero, y en su lugar habían puesto a Florentino Ventura Anaya, y aunque también a este comandante lo tenía controlado, se puso más nervioso porque no llegó Alemán Díaz. Eso era una señal de que las cosas no estaban tan bien como él pensaba.

"En la casa de Puerto Vallarta fue cuando yo y otros compañeros que estábamos con don Ernesto escuchamos algunas de las grabaciones del interrogatorio que le hicieron a Camarena.

"En una [de ellas], que repetía muchas veces don Ernesto, se escuchaba perfectamente la voz del cubano, la de *Max*."

¿Qué decía el cubano en esa grabación?

Le preguntaba a Camarena quiénes más del gobierno sabían lo que él sabía, quiénes eran sus informantes. Al mismo tiempo se escuchaba que lo estaban golpeando, se oían los pujidos. Camarena decía: "Ya déjenme, por favor. Ya les dije todo".

No sé por qué, pero don Ernesto repetía y repetía el casete con la voz del cubano. "A quién más del gobierno le reportaste lo que sabes", le preguntaba el Max a Camarena. Y don Ernesto fume y fume sus cigarros *de base* [basuco] y tomando su coñac.

Todas las grabaciones, los cinco casetes, los escuchó muchas veces. La duración de la cinta con la voz del Max duraba como unos 30 minutos. Así se pasó las primeras horas desde que llegamos a Puerto Vallarta. Creo que él ya presentía que pronto nos iban a agarrar.

El jueves 6 de abril de 1985, Fonseca Carrillo se enteró de que, con la ayuda de la policía de Costa Rica, la DEA había capturado a su "compadre" Caro Quintero en una finca a las afueras de la ciudad de San José. Y en plena Semana Santa, el Viernes Santo, que fue el 7 de abril, en la casa de Puerto Vallarta nos cayeron los *rurales* [el Ejército], que iban precisamente con Pablo Alemán Díaz —narra J33 al describir los momentos cuando, junto con otros miembros de su escolta, Fonseca Carrillo cayó en manos de las autoridades mexicanas.

Alemán Díaz, director de Seguridad Pública del Estado de Jalisco, le gritó a Fonseca Carrillo y a su gente que se rindieran.

"¡Ya nos cargó la chingada!", le dijo a don Ernesto Jorge Salazar, un agente de la DFS que estaba con nosotros —prosigue J33—. A Jorge lo habían herido unas horas antes. Pero don Ernesto nos ordenó que nos entregáramos, que no disparáramos, que todo estaba arreglado, que no habría bronca. En la casa teníamos muchas armas, granadas y armas largas de grueso calibre. Se hubiera dado un enfrentamiento tremendo, ya no teníamos nada que perder.

¿A qué hora fue el operativo de la captura de Fonseca Carrillo?

Como a eso de las 7:30 de la noche, a esa hora empezaron a rodear la casa. Ramiro, otro compañero, había llegado corriendo de la calle, lo venían siguiendo los soldados y los de la DFS.

Don Ernesto estaba dormido, yo lo desperté y le reporté la situación. Se asomó por el balcón y ahí comenzaron a disparar contra la casa, y fue en ese momento cuando él vio que no nos íbamos a defender, [cuando] nos ordenó que no lo hiciéramos, que nos rindiéramos porque todo estaba arreglado.

La Petunia fue el único que disparó contra los soldados, porque él estaba en la planta baja y no escuchó la orden de don Ernesto. Nos entregamos e inmediatamente nos esposaron a todos. Pablo

Alemán Díaz fue quien agarró las grabaciones del interrogatorio a Camarena.

Antes de que nos llevaran a la presidencia municipal de Puerto Vallarta, cuando todavía estábamos en la casa de Candelario Ramos, don Ernesto le ofreció a Pablo Alemán Díaz un maletín lleno de dólares para que nos dejara ir. "Ya no puedo agarrar nada, la presión está muy dura", le contestó Alemán Díaz.

En la presidencia municipal nos tuvieron hasta como a las 3 o 4 de la mañana. Nos sacaron cuando llegó un camión de la línea Tres Estrellas de Oro.

¿Cuántos eran todos los detenidos?

En el autobús íbamos Rafael Ruiz Velasco Trigueros, Eliseo Vázquez, Jorge Salazar, *el Patón*, Samuel Ramírez Razo, don Ernesto, *el Tejo*. Iba también el militar Jorge Garma, a quien por cierto lo mandaban a Guadalajara desde la Ciudad de México para que recogiera las maletas de dinero que le mandaba don Ernesto al general [Juan] Arévalo Gardoqui. Estaban otros cuatro militares, Gregorio Martínez Reyes, Félix Torres y dos muchachos de quienes ya no recuerdo sus nombres.

De la judicial del estado subieron al camión a Ernesto Piliado Garza, Víctor López Razón, Jorge Godoy López, Guadalupe Torres Hernández, René López, Arturo Ocampo Cerratos, *el Boa*, y otros más; éramos como unos 20 en el autobús.

De Puerto Vallarta nos regresaron a Guadalajara, nos llevaron a las instalaciones de la 15.ª Zona Militar, que estaba al mando del general Vinicio Santoyo Feria. Ya estando en la zona militar nos subieron a una segunda planta, en uno de los edificios de los separos. Hicieron grupos pequeños y nos repartieron en varios cuartos. A Fonseca Carrillo lo pusieron junto con Godoy López y Jorge Salazar. Al separarnos nos empezaron a *entamalar*, a vendarnos los

130

ojos, y fue cuando empezaron las calentadas. Nos tiraron al suelo y los soldados empezaron a patearnos en la cabeza, la cara, las costillas y las piernas. Nos [pusieron] la cara al piso y caminaban encima de nosotros. Eso sí, a don Ernesto no le hicieron nada. Me di cuenta porque se movió la venda que me pusieron sobre los ojos y lo miré sentado en una silla.

"Acuérdense cómo trataban a la gente, cabrones", nos decían los militares. A unos les daban *pozole*, es decir, los metían en los tambos con agua para hacer que los ahogaban. Nos inyectaron en la nariz agua con chile. Nos hicieron de todo, fue una verdadera madriza la que nos pusieron los soldados.

Allí nos tuvieron todo ese día, ya era el sábado 8 de abril. Por la noche nos sacaron y nos metieron a unos camiones del Ejército. En esos autobuses militares nos llevaron al aeropuerto, íbamos escoltados de todos los flancos. Al llegar al aeropuerto nos metieron a los hangares militares, donde ya nos estaba esperando un avión de Mexicana. Antes de subirnos al avión nos volvieron a vendar los ojos. Íbamos esposados, y al subir las escalerillas del avión los soldados nos obligaron a bajar la cabeza. Nos pegaban con sus cascos.

Ese mismo sábado por la noche llegamos al aeropuerto de la Ciudad de México. Nos bajaron del avión y nos metieron a unas camionetas de la Procuraduría General de la República (PGR). Nos llevaron a un hotel y ahí otra vez nos separaron. A Fonseca Carrillo le dieron una habitación para él solo. Ya en la madrugada del domingo, nos sacaron a uno por uno de la habitación. Nos llevaron a otro cuarto y allí estaban varios agentes y ministerios públicos. En ese cuarto, antes de hacernos preguntas, nos dieron otra calentadita. Putazos por dondequiera.

¿Qué les preguntaron en el interrogatorio?
Querían que les diéramos nombres de los políticos y de todas las personas que estaban metidos con la gente de Fonseca Carrillo

y Caro Quintero. De todos los que tuvieron algo que ver con el caso de Camarena.

Mientras nos interrogaron a todos, uno por uno, en el cuarto adonde nos llevaron, estaba presente Fonseca Carrillo.

¿Cómo supo que estaba Fonseca Carrillo ahí, si usted tenía los ojos vendados?

Porque lo olí, así se lo dije a los cabrones que me interrogaron y calentaron. "Lo estoy oliendo", les dije. Olía a basuco, le dieron sus cigarros *de base*, pero además luego pudimos confirmar esto.

¿Cómo lo confirmaron?

Porque esos interrogatorios fueron para que don Ernesto pudiera eliminar a los traidores, a los que en ese momento, con tal de que ya no los calentaran, denunciaran a todos los políticos y demás gente que estuvo en la casa de Lope de Vega. Los que hablaron en ese hotel nunca llegaron al Reclusorio Norte.

Cuando estuvimos en el Reclusorio Norte, un día Fonseca Carrillo nos mandó juntar a todos; eso fue como a los 15 días de haber llegado al penal; ahí nos dijo: "Miren, cabrones, yo sé lo que declaró cada uno de ustedes a la hora del interrogatorio. Al que me vuelva a echar más tierra, se lo carga la chingada".

En el hotel estuvimos como dos días, ya después nos llevaron a los separos de la PGR, para hacer la declaración ante el ministerio público.

¿Cuál fue la declaración ante las autoridades en la PGR?

Bueno, no fue una declaración muy formal que digamos. En los separos, antes de ponernos frente a los reporteros, nos dijeron que teníamos que firmar un documento en el que aceptábamos que habíamos estado en lo del asesinato de Camarena. A mí me advirtieron que si no firmaba me iban a madrear.

Yo no estuve en la casa de Lope de Vega, y se los dije ahí en la PGR. Me agarraron de las greñas y me llevaron a otro separo. Ahí tenían a *la Petunia* y lo estaban madreando muy feo porque no quiso firmar. Fue entonces cuando cambié de opinión y le aconsejé a *la Petunia* que hiciera lo mismo. Para que dejaran de darle, pues.

Firmamos la declaración. Ya qué chingados nos quedaba. Pero al rato, ¡otra vez! Ahora ya con el comandante Florentino Ventura presente. A él no lo pusieron junto para que nos vieran los periodistas, fotógrafos y los de la tele.

Antes de salir con los periodistas, el comandante Ventura Anaya me dijo: "Mira, pinche muchacho, vamos a hacer un trato de policía a policía; dime quiénes estuvieron en la casa de Lope de Vega y te garantizo que sales, porque alcanzas fianza".

"Pero si alcanzo fianza y salgo, luego me van a matar", le respondí al comandante. Él me aseguró que no y declaré lo que me pidieron en la PGR.

Ya firmada la declaración, me quitaron la venda de los ojos, me bañaron, me echaron talco, me dieron otra ropa y hasta me peinaron. Esa noche me hizo famoso Jacobo Zabludovsky en su programa de 24 Horas. Me presentó como uno de los asesinos de Camarena, ¡y cuál!, eso lo arregló el comandante Ventura Anaya para que los gringos pensaran que el gobierno mexicano tenía todo bajo control. ¡Pura pantalla, pues!

¿Qué fue lo que le declaró al comandante Ventura Anaya?

Le di algunos datitos y ya. En la PGR tenían también a unos de los pistoleros de Sinaloa; estaban *los Carlitos*. Pese a las declaraciones que firmamos, en la PGR yo creo que tenían como encargo golpear más a los militares. A uno que le decían *el Goyito* le pusieron una madriza de la que, estoy seguro, salió con todos esos problemas de salud que después le costaron la vida. Al *Goyito* lo responsabilizaron de que cayera don Ernesto.

Unos días después de que firmamos las declaraciones ante el ministerio público en la PGR, nos llevaron al Reclusorio Norte. El propio comandante Ventura Anaya iba con nosotros. Luego de que nos metieron al penal, delante de todos nosotros, Ventura Anaya se despidió de abrazo de don Ernesto; le dijo: "Señor, estamos a sus órdenes, lo que se le ofrezca; ya vio que no pudimos hacer más".

Quedamos sorprendidos cuando llegamos al Reclusorio Norte. Al ingres[ar] nos pusieron en la sección de máxima seguridad, pero al pasar unos días a algunos, como a mí, nos cambiaron a la sección general de los presos, y ahí estaba Pavón Reyes. Luego ya nos mandaron al Reclusorio Sur.

En el traslado del Reclusorio Norte al del sur me tocó con Pavón Reyes. A mí y a otros compañeros que lo conocíamos nos contó que era mentira lo de los 60 millones de pesos que supuestamente le pagó Caro Quintero para que lo dejara salir del aeropuerto de Guadalajara con rumbo a Centroamérica. "Me dieron un cheque de menos lana. Ese cheque de los 60 millones fue por otra bronca", nos contó. El problema fue, según Pavón Reyes, que cuando lo agarraron le encontraron el cheque de los 60 millones de pesos.

¿Fonseca Carrillo se quedó preso en el Reclusorio Norte?

Se quedó don Ernesto con Samuel Ramírez Razo, López Razón y otro, Pedro, le decían *el Urco*, no me acuerdo su apellido pero era medio pariente de Fonseca Carrillo, era de Sinaloa.

¿Cómo se la pasaba don Neto en el Reclusorio Norte?

De poca madre. Nunca le pegaron ni hicieron nada. Seguía mandando y teniendo todo lo que quería. Los mismos custodios le metían a la cárcel la comida de los restaurantes, las mujeres, la música, la baserola, el coñac. En fin, todo lo que se le antojaba.

¿Se acuerdan de que cuando estuvo en el Reclusorio Norte dizque hizo una huelga de hambre en protesta por la manera en que los trataban y porque injustamente lo relacionaron con el caso Camarena? Pues todo fue un cuento, ¡cuál huelga de hambre! *Don Neto* le pagó a los periódicos para que publicaran eso.

¿Le tocó a usted ver a Caro Quintero en el Reclusorio Norte?

Claro, incluso estando yo ya en el Reclusorio Sur, me sacaron varias veces para llevarme a los careos con Caro Quintero, puro cuento también todo eso. Fue como a las dos semanas de que habíamos llegado al Reclusorio Norte cuando empezaron a construir una barda en el dormitorio número 10. Levantaron la barda para dividir a don Ernesto de Caro Quintero. Rafael estaba siempre con su gente, con Paco Tejeda y Miguel Juárez.

¿Cómo se llevaban Caro Quintero y Fonseca Carrillo en prisión?

Desde que estábamos afuera, en Guadalajara o donde fuera, se decían *compadres*. Tenían sus pleitos, se mentaban la madre y casi se querían matar. Cuando las cosas salían mal, como lo de Camarena, uno al otro se echaban la culpa. Al final lo arreglaban todo cuando fumaban baserola y se echaban sus tragos; quedaban otra vez de compadres. Era lo mismo dentro de la cárcel.

© AP

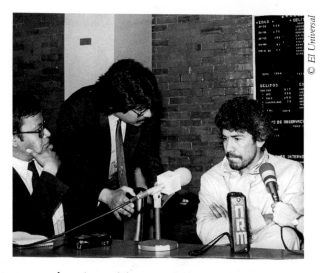

© El Universal

La tortura y el asesinato del agente de la DEA, Enrique *Kiki* Camarena (arriba) el 7 de febrero de 1985 desnudó la podredumbre que corroía a la sociedad mexicana, en una década en que las palabras *narcotráfico* y *narcotraficante* apenas se integraban al argot de las actividades criminales del país. Gracias a su temperamento, desenfrenado comportamiento y *modus operandi*, Rafael Caro Quintero (abajo) se perpetuó como el estereotipo de los jefes del crimen organizado mexicano.

Los testimonios de José 1 (centro izquierda), José 2 (centro derecha) y J33 (abajo), junto al del principal agente investigador de la DEA, Héctor Berrellez (arriba), a cargo de la Operación Leyenda para esclarecer el homicidio de Camarena, son piezas medulares de esta investigación periodística.

U.S. Department of Justice

United States Attorney
Central District of California

October 28, 1991

United States Courthouse
312 North Spring Street
Los Angeles, California 90012

Jorge Godoy

Re: United States v. Caro-Quintero, et al.,
    CR 87-422

Dear Mr. Godoy:

You have expressed a willingness to cooperate with the government in the above-referenced investigation, and have met with agents of the Drug Enforcement Administration on several occasions to provide information relevant to that investigation. The government may desire that you provide testimony under oath in connection with the investigation. Furthermore, the government may wish for you to testify at any trial that may be held in the case.

This letter is to assure you that your status is that of a witness and that you are not presently viewed as a target of the investigation. Further, except as otherwise provided below, the government agrees that no testimony or other information given by you during any interviews, in testimony under oath, or at trial, will be used in the government's case-in-chief to incriminate you in any criminal case prosecuted by this office.

You understand and agree that you will respond truthfully and completely to any and all questions or inquiries that may be put to you during interviews, under oath, or at trial, by government agents and/or prosecutors.

Your complete truthfulness and candor are express material conditions to the undertakings of the government set forth in this letter. Therefore, if the government should ever conclude that you have knowingly withheld material information from the government or otherwise not been completely truthful and candid, the government may use against you for any purpose any statements made or other information provided by you. The government expressly reserves the right to use any statements or information provided by you in any prosecution for false statements, obstruction of justice or perjury, and for purposes of impeachment in any proceeding.

No understandings, promises, agreements and/or conditions have

been entered into with respect to your cooperation other than those expressly set forth in this Agreement and none will be entered into unless in writing and signed by all parties.

I trust that you will find these terms and conditions to be fair and reasonable. If the foregoing terms meet with your approval, please sign below.

LOURDES G. BAIRD
United States Attorney
ROBERT L. BROSIO
Assistant United States Attorney
Chief, Criminal Division

JOHN L. CARLTON   10/28/91
JOHN L. CARLTON   Date
Assistant United States Attorney

The agreement contained in this letter has been read to me in Spanish. I understand the contents of this letter, and I voluntarily and knowingly agree to it without force, threat or coercion. No other promises or inducements have been made to me other than those contained or referenced in this letter.

_____   10/28/91
                                    Date

2

Acuerdo por el cual el gobierno de Estados Unidos designó como testigo protegido a un ex integrante de la escolta de Ernesto Fonseca Carrillo, *don Neto.*

Las autoridades estadounidenses señalaron como responsables de la muerte de Camarena a Ernesto Fonseca Carrillo, *don Neto* (arriba), Miguel Ángel Félix Gallardo (abajo, a la derecha), y Juan José Esparragoza Moreno, *el Azul* (abajo, a la izquierda), todos ellos socios en el negocio del narcotráfico.

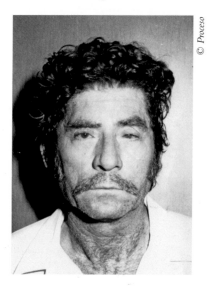

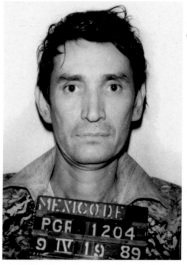

Los testigos protegidos narraron haber visto a quien fuera secretario de Gobernación durante el sexenio de Miguel de la Madrid Hurtado (al centro de la fotografía), Manuel Bartlett Díaz (a la izquierda), en diversas ocasiones: una, junto a otros generales, en la casa de Lope de Vega en febrero de 1985. Previamente, en noviembre de 1984, también se le vio en el hotel Motor Americas de Guadalajara con Félix Gallardo, Caro Quintero, *el Cochiloco* y el comandante de la DIPS Sergio Espino Verdín. Incluso, se le vio en la residencia de Las Fuentes, una de las casas más grandes del cártel, durante una fiesta de Fonseca Carrillo.

"¡Qué chingados! ¿No pueden con el de la DEA? Si no pueden hacerse cargo ustedes, díganme para poner a trabajar a mi gente", les dijo a *don Neto* y a su gente Enrique Álvarez del Castillo (izquierda).

Con el fin de entregar un tráiler completamente lleno de dólares acomodados en cajas de huevo Bachoco, se reunieron en la casa de Lope de Vega del cártel de Guadalajara políticos y militares. Aquel dinero se entregaría, entre otros, a Bartlett Díaz y al general Juan Arévalo Gardoqui (derecha, entonces secretario de la Defensa Nacional).

Héctor Berrellez relató que a mediados de 1988 el general Jesús Gutiérrez Rebollo (izquierda) lo citó en Mazatlán para emboscar al *Cochiloco* en Guadalajara, pues quería vengar a su compadre, Lorenzo Gorostiza —asesinado por el capo—, y quien había sido el jefe de la policía de aquel municipio.

Guillermo González Calderoni, quien fuera comandante de la PJF en los ochenta, le contó a Héctor Berrellez: "(…) ellos mandaron matar a dos políticos del PRD en Monterrey. Mandé gente a que los matara por órdenes de Carlos Salinas y de Raúl. Ellos fueron los que mataron a Francisco Ruiz Massieu, al joto".

Rubén Zuno Arce —en la portada del semanario *Proceso* (núm. 708, 1990)—, cuñado de Luis Echeverría Álvarez y propietario de la famosa casa de Lope de Vega, fue declarado culpable en Estados Unidos como uno de los participantes en el asesinato de *Kiki* Camarena.

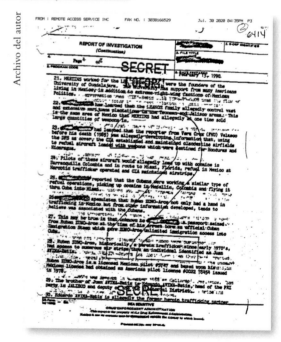

Documento desclasificado y catalogado como *Top Secret*, con información sobre las investigaciones de la Operación Leyenda en Mexico.

12

Asesinato en Tijuana

Durante el imperio del cártel de Guadalajara, los narcotraficantes mexicanos no contaban con tantos avances tecnológicos en sus sistemas de comunicación. Dependían básicamente de los conocimientos en electrónica del estadounidense Víctor Lawrence Harrison, subcontratista de la CIA e infiltrado en la Dirección Federal de Seguridad (DFS).

Los testigos protegidos del gobierno de Estados Unidos sostienen que Rafael Caro Quintero y Ernesto Fonseca Carrillo contaban con una gigantesca red de informantes en casi todos los estados del país y en todos los niveles de gobierno, entre militares y policías; que el sistema de comunicación de radios Motorola se usaba sólo para comunicarse entre ellos y con los mandos de la Policía Judicial Federal (PJF), la DFS y la judicial del estado de Jalisco.

"Eso sí —explica José 2—, todos tenían su código para el radio: Caro Quintero era R1, Fonseca Carrillo, Águila 1; Manuel Salcido Uzeta, comandante Martínez; Miguel Ángel Félix Gallardo era la Pantera Rosa o el Huarache. El que no tenía código era *el Azul* [Juan José Esparragoza Moreno]. Samuel Ramírez Razo era Centurión 1, y Gilberto Parra, de la DFS, era Centurión 2 —dice José 2, que se niega a dar a conocer el código que a él le asignaron—: Caro Quintero y don Ernesto siguen vivos, me pueden mandar matar."

El alcance de la venganza de los sobrevivientes del otrora todopoderoso cártel de Guadalajara también le inquieta a J33: "Me da miedo, claro, pero no mucho, por eso autoricé que me identificara como J33. Si vienen por mí les va a costar trabajo. Y si me toca, pues ni modo; algún día todos tenemos que pagar por lo que hicimos, que al fin y al cabo no fui una blanca paloma", reflexiona.

Este testigo protegido está seguro de que en la actualidad Caro Quintero y Fonseca Carrillo, pese a que fueron de los primeros grandes capos del narcotráfico en México y maestros o compañeros de muchos de los que actualmente ocupan esos puestos en el crimen organizado, ya no son los criminales temibles y sanguinarios de los años ochenta del siglo pasado.

¿De verdad eran tan sanguinarios? —antes de responder, a J33 se le dibuja una sonrisa en los labios, suspira y dice:

Caro Quintero tenía muchos güevos y él sí se enfrentaba a cualquiera y como fuera. Don Ernesto no lo sé. Eso sí, todos esos cabrones cuando estaban rodeados de sus pistoleros no se tocaban para nada el corazón cuando tenían que hacer algo que infligiera miedo entre todos nosotros. Mandaban *darle piso* a mucha gente. En casos especiales ellos mataban.

¿Usted fue testigo de uno de esos casos especiales?

En febrero de 1984, no me acuerdo de la fecha exacta, en Tijuana, al salir de una pelea de box mataron a Ernesto, el hijo mayor de Fonseca Carrillo. Lo mató un muchacho que era pocho y vivía en San Diego, California. Nunca supo a quién mató, porque lo hizo para robar el dinero que llevaba el hijo de Fonseca Carrillo.

Con la gente que tenía en Tijuana, don Ernesto encargó que ubicaran en San Diego al que mató a su hijo y se lo llevaran a Guadalajara. A Fonseca Carrillo le pegó duro el asesinato de su hijo; el muchacho tenía como unos 22 o 23 años cuando lo mataron allá en Tijuana.

Unos cuantos meses después, como en julio o agosto del 84, don Ernesto estaba en una fiesta en una de las fincas que tenía a las afueras de Guadalajara. De pronto, Samuel Ramírez Razo le informa que ya tenían listo su encargo de San Diego, que en un ratito llegaría al aeropuerto y que *el Cerratos* y otros cinco ya habían salido para recogerlo.

Al que mató al hijo de don Ernesto lo llevó a Guadalajara otro muchacho mexicano, amigo de él, que vivía en Tijuana. Lo convenció diciéndole que fueran de paseo a Guadalajara, que él tenía muchas amigas guapas con las que podían hacer todo lo que quisieran. *El Cerratos* y los otros recogieron a los dos muchachos en el aeropuerto y los llevaron a la finca.

Cuando llegaron, don Ernesto le pagó sus dólares al chavo que le llevó al asesino de su hijo y le pidió que se fuera. Don Ernesto le encargó al *Güerón* [su medio hermano] que se hiciera cargo del que mató a su hijo. Y allí mismo, en la finca, *el Güerón* empezó a torturar al pocho.

¿Qué fue lo que le hicieron al muchacho en la finca?

El Güerón calentaba la hoja de un cuchillo y se la ponía sobre el cuerpo cuando el acero estaba al rojo vivo. Patadas, golpes en la cara, le metieron [agua de] Tehuacán con chile por la nariz y por el culo. De vez en cuando el mismo don Ernesto dejaba a sus invitados de la fiesta, la que por cierto duró tres días y en la que estaba el gobernador [de Jalisco Enrique] Álvarez del Castillo, para ir a golpear al chavo y preguntarle por qué había matado a su hijo. Los tres días lo torturaron.

Unos días después de lo de la fiesta en la finca, al pocho lo llevaron a un subterráneo que don Ernesto tenía en una finca por la salida a la carretera que lleva a Morelia. Ahí tenían varios camiones pintados como los de Pemex, para acarrear droga.

En esa finca había un cuarto pequeño, que era una oficina, pero tenía un librero, debajo del librero estaba la puerta para bajar al subterráneo. Era un bodegón muy grande, ahí se guardaba pura mariguana. Si estaría grande esa bodega que un día nos mandaron a sacar 7 toneladas de la hierba.

En el subterráneo tenían al muchacho, encadenado; estaba bajo la responsabilidad del gatillero al que le decían *el Italiano*. Como una semana después de que lo metieron al subterráneo, informaron a don Ernesto que ya estaba lista la tumba del pocho en El Palomar [un paraje cerca de Bosques de la Primavera].

Fonseca Carrillo le encargó a *los Dormidos* y al ingeniero Abelardo que le llevaran a El Palomar al muchacho. Cuando llegamos con don Ernesto, ya lo tenían parado sobre la orilla del agujero. Sin decir nada Fonseca Carrillo se le paró frente a frente, sacó su .45 y le dejó ir toda la carga.

Ya que el muchacho había caído al agujero, muerto, Javier Barba y Ramírez Razo le dispararon varias cargas del cuerno de chivo. ¡Hicieron pedazos al pobre cabrón! Antes de tapar el agujero, al cuerpo le echaron cal. El pocho debía de haber tenido como unos 25 o 27 años de edad. Así mataban delante de nosotros los agentes de la policía judicial. En El Palomar se enterró a mucha gente. Este lugar está por el fraccionamiento Las Bugambilias, por la carretera a Morelia.

Cada uno de los líderes del cártel de Guadalajara tenía sus propios métodos para matar a sus enemigos. José 2 afirma que Salcido Uzeta era, sin lugar a dudas, uno de los más despiadados:

"Una vez estábamos reunidos en una casa de seguridad en Guadalajara, cuando *el Cochiloco* le dio la orden a [Federico] Castel del Oro de levantar a una familia de mariguaneros independientes. Esto que voy a narrar —aclara José 2—, lo declaró bajo juramento el propio Castel del Oro ante una corte federal, aquí en Estados Unidos.

"Castel del Oro va y agarra a seis miembros de la familia de mariguaneros y se los lleva al *Cochiloco* a uno de sus ranchos. El *Cochiloco* con un trascabo hizo una cepa grande y allí echó a esas seis personas. La gente lloraba y gritaba que los sacara, pero el *Cochiloco* los tapó. Los enterró vivos."

Sin recordar la fecha precisa, por los cálculos de J33, estos hechos se remontan a los meses de noviembre o diciembre de 1984:

"Fue cuando Caro Quintero andaba como loco buscando al agente de la DEA por lo de El Búfalo y no sé qué más cosas. *El Tejo*, otro de los pistoleros de Caro Quintero —se llamaba Javier, es lo único que me acuerdo de él—, mató a Rafael Barreto porque descubrieron que era informante de la DEA.

"Javier estaba casado con una hija de Esther Camberos, una madrota de Guadalajara a quien le decían *la Comanche*, supuesta dueña de los burdeles Guadalajara de Día y Los Elíseos.

"En Los Elíseos, que estaba en la 52 y Álvaro Obregón, *el Tejo* 'emparedó a Barreto'. Hicieron una barda en ese lugar y lo taparon con los ladrillos, me lo contó Ramírez Razo. En ese tiempo, para Camarena era enemigo a muerte todo gringo o informante de los agentes de la DEA. Se eliminó a muchos informantes de *Kiki* Camarena."

Como agente de homicidios de la Policía Judicial del Estado de Jalisco, a José 1, antes de ser miembro de la escolta de Fonseca Carrillo, en 1982, le asignaron investigar el asesinato de una persona que se había llevado a cabo en el hotel Motor Américas.

"Fui con otros compañeros al hotel. En una de las habitaciones estaba el cuerpo de una persona con un machete o cuchillo: habían hecho pedacitos a la persona. De tanto que lo habían destrozado no se podía siquiera identificar si era hombre o mujer.

"Yo le reporté todo el incidente y lo que vimos en el hotel al comandante José María Carlos Ochoa. El comandante hizo unas llamadas por teléfono y cuando colgó me ordenó que dejáramos el caso porque era un asunto de Félix Gallardo. El comandante Carlos nos explicó que a la persona que habían hecho pedacitos la ejecutaron los sicarios de Sinaloa de Félix Gallardo, que fueron *el Chapo*, *el Culiche* y otro a quien le decían *el Cora*."

¿Desde entonces ya se hablaba del Chapo*?*

Estando yo todavía en funciones en la judicial del estado, mucho después de lo del hotel Motor Américas, entre los policías en Guadalajara y entre la gente del cártel se decía que nadie se tenía que meter con *el Chapo*, *el Culiche* ni con Héctor Luis *el Güero* Palma Salazar.

La verdad, en ese tiempo *el Chapo* pertenecía a "la chusma de la tropa". Cuando lo de Camarena, *el Chapo* era joven, tendría unos 25 o 28 años de edad. Siempre con botas vaqueras, como todos los de Sinaloa de esos tiempos. Era muy creído. Entre nosotros, los de Jalisco, decíamos: "No hay chaparro que no sea cabrón".

El Mayo Zambada sí era de los pistoleros cabrones. Todos se cuidaban de él, le tenían miedo, en comparación con *el Chapo*. Debo aclarar un asunto sobre ellos: hasta donde tengo conocimiento, ni *el Mayo* Zambada ni *el Chapo* Guzmán torturaron a Camarena.

Eso sí, hasta don Ernesto desconfiaba de los pistoleros que tenía Félix Gallardo que se trajo de Sinaloa a Guadalajara.

En 1984, cuando mataron a su hermano, Antonio Fonseca Carrillo, *el Doctor*, don Ernesto mismo iba a llevar el cuerpo a Culiacán, pero de último minuto cambió de opinión; nos contó que alguien le dijo que lo estaban esperando en Culiacán para matarlo. A Antonio Fonseca Carrillo lo mataron en la Casa Jalisco. El cadáver del *Doctor* llegó solo a Culiacán a bordo de un avión de la aerolínea Aviacsa. En Culiacán, el general Mario Arturo Acosta Chaparro,

142

quien era el enlace del cártel con los militares en Sinaloa, se encargó de todo lo del *Doctor*.

Don Ernesto nunca quiso aclarar muy bien quiénes le habían puesto el cuatro cuando la muerte de su hermano. El rumor que corría señalaba como responsable a César Rafael Fonseca Caro, *el Checho* [asesinado en 1986], quien era su sobrino y primo hermano de Caro Quintero. Supuestamente ese encargo lo arreglarían *el Güero* Palma, *el Culiche*, *el Chapo* y otros más.

13

Narco y farándula

Sara Cosío Vidaurri Martínez era una de las jovencitas más populares de los centros nocturnos y restaurantes caros de Guadalajara cuando Rafael Caro Quintero y sus colegas dominaban el negocio del trasiego de drogas en México.

Hija del secretario de Educación Pública de Jalisco, César Octavio Cosío Vidaurri, y sobrina de Guillermo Cosío Vidaurri, ex gobernador de la entidad y ex presidente del Partido Revolucionario Institucional (PRI) en la capital mexicana, Sara supuestamente fue secuestrada por Caro Quintero, quien se la llevó con él a Costa Rica. Cuando fue detenido el capo mexicano, Sara estaba acompañándolo en esa finca a las afueras de San José.

"Sarita no era tan bonita como se decía —sostiene José 2, quien conoció de cerca a esta mujer—, más bien Rafael Caro Quintero se encaprichó con ella. Era medio gordita, a decir verdad. Pero fue cuento eso de que la secuestró, ella andaba con él por la buena. Era igualita de caprichosa que Rafael, hija de ricos, al fin."

"Caprichosa como Caro Quintero…"; ¿qué quiere decir?

En el tiempo que la andaba conquistando, Caro Quintero le regaló un carro blanco convertible, un Ford Continental que los Tierra Blanca le fueron a entregar a Sara a su casa. Pero no lo quiso, lo regresó con los mismos Tierra Blanca.

Extrañamente, Rafael no se enojó; me pidió a mí que le llevara nuevamente el carro a Sarita. Le llevé el carro a la muchacha, quien vivía en la casa del papá. Dejé el carro en la casa, estacionado. Luego salió ella y lo quemó, le echó gasolina y lo quemó. Eso ocurrió a finales del año 1984.

El carro que quemó Sara era uno especial que encargó Rafael a la agencia Ford Country Motors de Guadalajara, que era de los hermanos Cordero Stauffer. A esos mismos hermanos Caro Quintero en 1984 les compró 300 Grand Marquis. Se los pagó con dinero en efectivo que les entregó en un portafolios, Gárate y yo lo acompañamos a comprarlos. La agencia de coches estaba en la avenida Unión y Paseo de Las Águilas. Los Grand Marquis que compró costaban 1 millón 700 mil pesos cada uno.

Los dueños de la agencia le preguntaron a Caro Quintero de qué color quería los carros, y él les respondió que eso valía madres, que los quería para su gente y para regalarlos a los políticos, jefes de la policía y del Ejército, eso les dijo.

Por cierto, a [Sergio] Espino Verdín le llevaron uno de color azul que no le gustó mucho. Todo esto pasó poquito después de que mataron al *Doctor*, el medio hermano de don Ernesto Fonseca Carrillo.

¿Por qué hasta la fecha se dice que Caro Quintero tenía con él, a la fuerza, a Sara Cosío?

Tal vez porque la familia de ella se encargó de que la historia se contara de esa manera. El que se oponía a la relación era su papá. Rafael conoció a Sara en una fiesta. Ese día hablaron mucho y pasaron mucho tiempo juntos.

La segunda o tercera vez que Caro Quintero la vio fue en un restaurante de Ernesto Fonseca Carrillo que se llamaba Lido. Era una casa antigua convertida en restaurante, frecuentado por las personalidades del gobierno y de la alta sociedad de Guadalajara.

Cuando la vio en el Lido, ella andaba acompañada supuestamente de un pretendiente. Rafael iba a matar a ese muchacho por esa causa; no lo mató porque se lo pidió Sara. En el restaurante el mismo Rafael le puso unos madrazos y lo echaron para fuera. Ahí presionó un poquito más a Sara.

¿Caro Quintero era muy mujeriego?
Sí.

¿Quién era más, Caro Quintero o Fonseca Carrillo?
Rafael, aunque don Ernesto no tenía malos gustos. Por su cama y sus fiestas pasaron muchas mujeres, artistas como Marcela Rubiales, a quien en muchas ocasiones la llevaron para que cantara en las fiestas que hacía el cártel.

A las artistas don Ernesto las atendía muy bien, les pagó mucho dinero, les compraba joyas y se quedaban con él los días que duraran sus fiestas. Nunca las trató mal, aunque un día se le adelantaron a Fonseca Carrillo y por poco pasa algo grave.

¿Cómo que se le adelantaron? ¿Quiénes?
Su medio hermano, *el Güerón*. Fue una vez que hicieron una fiesta en el restaurante Uno. *El Güerón* se llevó a la cama a una de las artistas y por poco lo matan. Don Ernesto ordenó que lo quebraran, no sé por qué no lo mataron.

El testigo protegido, e identificado para este trabajo como José 1, fue a quien Fonseca Carrillo asignó para matar al *Güerón* por el asunto de la artista en el restaurante Uno.

A esa fiesta —relata— fueron a cantar Marcela Rubiales, Zoila Flor y Jimena, quienes eran las que casi siempre iban. Les pagaba por lo menos 1 millón de pesos por cada fiesta y les daba muchas joyas.

En la fiesta del restaurante Uno, *el Güerón* se llevó a Jimena mientras tocaba la banda El Recodo de Cruz Lizárraga, el viejo.

Esta banda siempre iba a sus fiestas. No faltó quien le fuera con el chisme a don Ernesto y se encabronó.

Luego luego me mandó llamar. Me dijo: "Quiero que me traiga amarrado a ese cabrón, y si no quiere, chínguelo, mátelo". Intenté calmarlo, pero no pude. "Déle *piso*, le estoy ordenando", me machacó don Ernesto.

Le ordenó a su yerno, Andrés Toussaint, que me acompañara, pero cuando nos separamos de la mesa donde estaba don Ernesto, convencí a Andrés de que se regresara a calmar a su suegro mientras yo buscaba al *Güerón*.

Me hice pendejo un rato en el restaurante pensando que se le iba a pasar el coraje a Fonseca Carrillo, pero nada. Me volvió a llamar para preguntar si ya le había dado piso al *Güerón*. Le contesté que no lo encontraba. Se enojó más, me advirtió que si no cumplía sus órdenes al que le iban a dar *piso* era a mí. "Aquí en mi casa el único gallo soy yo. El único que pisa a las gallinas en este rancho soy yo", gritó don Ernesto delante de todos.

Entonces fue cuando mandó a otros compañeros a que me ayudaran a buscar al *Güerón*. Fui directamente a uno de los cuartos del restaurante donde ya sabíamos que estaba y abrí la puerta. El *Güerón* se enojó, me reclamó que por qué lo interrumpía y Jimena, desnuda, comenzó a llorar porque nos vio ahí, con los cuernos de chivo en la mano.

Le dije al *Güerón* que su hermano había ordenado que le diera *piso* por haberse llevado a la cantante a la cama. Se espantó *el Güerón*, lo calmé, le aconsejé que se brincara la barda que daba al estacionamiento del restaurante y que se pelara en un coche, que con Andrés intentaríamos calmar a don Ernesto. *El Güerón* no esperó más, se peló y dejó a Jimena encuerada en la cama.

¿Qué le dijeron a Fonseca Carrillo?

148

Que *el Güerón* ya no estaba, que cuando llegamos al cuarto Jimena estaba sola. No se le bajaba el enojo, me dijo que tenía que matar a alguien para desquitar su coraje. Le amarramos a uno, no recuerdo a quién, y lo mató. Ya después se le pasó el enojo. Fonseca Carrillo cuando se encabronaba no respetaba ni a su familia.

¿Qué otras artistas asistían a las fiestas de Fonseca Carrillo o de Caro Quintero?

Varias, Beatriz Adriana, quien era comadre de Miguel Ángel Vielma, *el Negro Vielma*. Las artistas los visitaban incluso estando presos en el D. F.

¿Quiénes?

Marcela Rubiales, pero me contaron algunos de sus escoltas que estaban con Caro Quintero en la cárcel, en el Reclusorio Norte, que a una fiesta que duró tres días fue la misma Lola Beltrán a cantarles.

¿Se enteraba de esto la esposa de Fonseca Carrillo?

Claro, pero eran esposas, no una sola esposa. Ellas estaban en su casa y no les faltaba nada. Eso sí, nadie debía ni siquiera decirle nada a las mujeres de don Ernesto.

¿Por qué?

Porque incluso si se les quedaban mirando, al mirón le podía costar la vida. Era un insulto. Por ejemplo, una día fuimos a Puerto Vallarta a ver a una mujer que tenía allá. La mujer tenía un cuerpo escultural. Por esa mujer muchos jefes de la policía y de los militares le tenían envidia.

A esa mujer un amigo que vivía en Vallarta le echó las flores. El pendejo se metió a la frecuencia de los radios Yaesu, que se usaban en ese tiempo, y habló de la mujer. Fonseca Carrillo lo escuchó y le ordenó a Lorenzo Harrison que fuera a Vallarta a partirle la madre. Le dices que la próxima vez que hable de mi vieja lo matamos al hijo de su puta madre.

Harrison se fue a Vallarta y se llevó a uno que le decíamos *el Pollo*, quien era uno de los pistoleros que formaban el grupo de los Dormidos. Pero Harrison no le pegó al hombre, le dijo a qué iba y le pidió 50 mil pesos para no pegarle.

¡Lógico!, el tipo aceptó pero le pidió a Harrison una semana para darle el dinero; como era amigo, Harrison aceptó, pero a la semana que fue a cobrar ya lo estaba esperando la judicial del estado. Y lo levantaron, fue cuando mataron al *Pantera* o *el Carnes Asadas*, a Harrison lo hirieron en una mano y con una Uzi le metieron un tiro en una rodilla para que no volviera a caminar.

J33 recuerda a otros músicos o artistas de esa época que asistían a las fiestas de los jefes del cártel de Guadalajara:

"Los Cadetes de Linares, Broncos de Reynosa, Paulino Vargas, Carlos y José; les pagaban para que compusieran sus corridos.

"A Vicente Fernández una vez lo llevaron a huevo a una de esas fiestas —dice J33— [...] seguido lo invitaban pero nunca quiso ir. Esa vez, en las fiestas de octubre de Guadalajara, lo dejaron que terminara de cantar en el palenque y a fuerza lo llevaron a la fiesta que había en una casa de Caro Quintero. "Miren, señores, yo aquí les canto lo que quieran. Pero eso del vicio no, yo soy tequilero. No quiero drogas", les advirtió [...] A don Ernesto no le gustaba mucho Vicente Fernández, él era de banda, pero a Caro Quintero sí."

14

"Me quiero chingar al *Cochiloco*"

Con la captura y encarcelamiento de Rafael Caro Quintero y Ernesto Fonseca Carrillo, la presión de la DEA sobre el gobierno de México bajó un poco. No obstante, el gobierno de Estados Unidos no declinaba en su propósito de llevar ante la justicia a todos los involucrados en el secuestro, tortura y asesinato de Enrique *Kiki* Camarena.

Más de tres años después del homicidio todos, incluso las mismas autoridades mexicanas, perseguían a las cabezas del cártel de Guadalajara. Con el arresto de Miguel Ángel Félix Gallardo, en abril de 1989, aunque el negocio seguía fluyendo desde la cárcel, su timón perdió la ruta. Entre los capos que estaban libres se desataron muchas enemistades y envidias para quedarse con el control del cártel. Mucha gente simplemente desapareció o fue eliminada por caprichos de los narcotraficantes, que estaban desenfrenados.

Como a mediados de 1988 —relata Héctor Berrellez— me citó a la 9ª Zona Militar de Mazatlán el general Jesús Gutiérrez Rebollo. Me pidió un favor: que le pusiera al *Cochiloco* [Manuel Salcido Uzeta] —comenta el ex supervisor de la Operación Leyenda.

"Me quiero chingar al *Cochiloco*", me insistió el general, quien me dijo que le traía ganas porque había matado a su compadre, Lorenzo Gorostiza, que había sido el jefe de la policía de Mazatlán.

En la DEA teníamos informantes infiltrados con el *Cochiloco* y con Félix Gallardo.

Localizamos al informante adecuado, un militar, y le pusimos el cuatro. El plan fue decirle al *Cochiloco* que el militar [informante] quería verlo personalmente para darle una información. Lo citó en Mazatlán, pero *el Cochiloco* no quiso ir a Mazatlán, le pidió que la reunión se hiciera en Guadalajara.

Me comuniqué con el general y le notifiqué que la reunión tendría que ser en Guadalajara. "Héctor, pónmelo donde te dé tu chingada gana, pero pónmelo. A mí me vale madre dónde esté ni en qué estado, yo te voy a apoyar, te voy a dar elementos, pero vamos sobre ese hijo de la chingada. Ayúdame y te entrego su cabeza" —casi casi me gritó Gutiérrez Rebollo.

La cita en Guadalajara se hizo en el hotel Plaza del Sol, supuestamente el informante lo iba a ver en el restaurante Sanborns del mismo hotel.

Para el operativo en Guadalajara, el general Gutiérrez Rebollo me puso a los elementos necesarios, porque tanto él como yo sabíamos que si había problema se desataría una gran balacera. Al frente de su gente, el general mandó al teniente coronel Montenegro.

El teniente le comentó al general que si se enteraba el general Vinicio Santoyo Feria, que estaba a cargo de la 15ª Zona Militar de Guadalajara, el asunto se iba a poner peor. "A ti que te valga madre, tú ve y rómpele su madre", le contestó el general a Montenegro.

Se armó el operativo para la fecha acordada. La noche previa a la cita, junto con algunos elementos de la DEA, nos colocamos en lugares estratégicos. Al infiltrado le pusimos micrófonos para que pudiéramos escuchar todo.

La cita quedó a las 2 de la tarde, pero el problema fue que no llegó *el Cochiloco*, sino que mandó a un pariente suyo, de apellido Morales, quien además aseguró que también era representante de Félix Gallardo.

El enviado pedía que el infiltrado le diera la información. Le dijo que *el Cochiloco* estaba en una fiesta en la casa de Los Pinos de Félix Gallardo, que ahí estaban los dos. Nosotros estábamos escuchando todo por los micrófonos [...]

Al darse cuenta de que *el Cochiloco* no iría, el teniente coronel me pide que fuera a detener a Morales para sacarle la información de lo que estaban haciendo *el Cochiloco* y Félix Gallardo en la casa de Los Pinos.

Los militares que llegaron de Sinaloa estaban muy nerviosos, pues sabían que el general Vinicio Santoyo Feria protegía a Miguel Ángel Félix Gallardo. Tenían miedo de que se diera un enfrentamiento de militares contra militares.

Entro en el restaurante y le digo a Morales: "Policía Judicial Federal", le pongo la pistola y le digo que está detenido. Lo saqué del restaurante y se lo entregué al teniente coronel Montenegro. Se lo llevaron al hotel Virreyes y ahí lo calentaron. La DEA no participó.

Al rato me dice el teniente coronel que el tipo era duro, que se lo tenían que llevar a otro terreno. Nos fuimos a unos terrenos fuera de Guadalajara, donde había unas milpas, y ahí lo bajaron los militares y lo metieron a una de las milpas.

Nosotros, los de la DEA y otros militares, nos quedamos en los autos. A los minutos de que se lo llevaron a las milpas, oímos un disparo, pero pensamos que lo estaban espantando. Salió el teniente coronel y dio la orden de [que nos fuéramos] a Los Pinos, dijo que el pájaro ya había cantado.

Supimos después que a Morales lo echaron a un pozo que estaba en ese lugar; creo que hasta la fecha el cadáver de ese hombre sigue ahí porque no lo han encontrado.

Nos damos la vuelta y el teniente coronel nos dice que, efectivamente, *el Cochiloco* y Félix Gallardo estaban reunidos en Los Pinos, que a los dos los iba a detener. Cuando pasamos por la Plaza del

Sol, rumbo a Los Pinos, descubrimos que allí había movimiento, que había militares vestidos de civiles por todos lados. El teniente coronel nos pidió a los de la DEA que nos quedáramos, que ya no podíamos acompañarlos a Los Pinos porque el asunto se pondría muy feo.

"Héctor, si vas con nosotros, la gente de Santoyo Feria te va a matar y van decir que a los agentes de la DEA los bajaron los narcos", fue lo que me advirtió el teniente coronel.

En Los Pinos hubo una gran balacera. Se enfrentaron militares de Gutiérrez Rebollo con los militares de Santoyo Feria y con la gente de Félix Gallardo y del *Cochiloco*. El reporte que nos dieron los militares a la DEA fue que *el Cochiloco* y Félix Gallardo se habían escapado. En la refriega en Los Pinos mataron a un cadete de Mazatlán. En Los Pinos estuvieron *el Chapo, el Mayo, el Güero* Palma y otros pistoleros. Cayó *el Cuquío,* quien era el jefe de seguridad de Félix Gallardo.

Después de que en la DEA nos dieron la versión de la fuga años después, ya cuando estaba yo al frente de la Operación Leyenda, un militar que estuvo ahí, a quien hicimos también informante y que era de la gente de Santoyo Feria, nos aseguró que en Los Pinos agarraron a Félix Gallardo y al *Cochiloco.* El militar, que también testificó esto ante un juez federal de California, contó que el mismo Vinicio Santoyo Feria llevó ante la Sedena [Secretaría de la Defensa Nacional], en la Ciudad de México, a los dos capos. De nada sirvió. El militar declaró ante el juez estadounidense que *el Cochiloco* y Félix Gallardo pagaron 5 millones dólares cada uno, y los militares los dejaron en libertad.

Desde ese incidente a la fecha, la gente de Félix Gallardo acusa a Héctor Berrellez de haber matado a Morales —que resultó ser tío del capo— por el hecho de que el agente de la DEA lo arrestó cuando estaba en el restaurante Sanborns.

En la madrugada del jueves 10 de enero de 1991, Manuel Salcido Uzeta, *el Cochiloco*, cayó abatido en un operativo que llevó a cabo el Ejército Mexicano en pleno centro de Guadalajara. El capo del cártel de Guadalajara recibió 70 impactos de bala y no pudo activar una granada que llevaba en la mano. En el ataque cayó también Juan Saucedo, a quien en el cuerpo le metieron 30 balazos. En la camioneta en la que viajaban los dos criminales quedó herida de una pierna una jovencita, hija del *Cochiloco*.

Miguel Ángel Félix Gallardo fue detenido el 8 de abril de 1989 por medio de un operativo conjunto entre elementos del gobierno de México y el de Estados Unidos (DEA).

El general Vinicio Santoyo Feria está desaparecido desde la década de los noventa. Su caso sigue siendo uno de los misterios que quedan por resolver por parte de las autoridades de México.

15

El secuestro del doctor

A principios del mes de febrero de 1990, Jack Lawn, el administrador de la DEA, mandó llamar a la ciudad de Washington a Héctor Berrellez, supervisor de la Operación Leyenda. Contó:

Se negó a decir por teléfono para qué me quería. Me acompañó el agente Dough Kehl. Fue un lunes por la mañana; nos presentamos a la oficina de Lawn y nos informó que nos iba a pedir que hiciéramos un trabajo muy especial. Que se trataba de sacar de México a una persona que estaba involucrada en el asesinato de Enrique Camarena.

Me preguntó que si tenía los contactos necesarios para hacerlo, a lo cual le respondí que sí, que tenía contactos con militares y policías para realizar un trabajo de esa naturaleza. Le comenté incluso que tenía los contactos necesarios para sacar a cualquier persona, incluso al presidente.

Lawn se rió de mi respuesta. Al jefe le aclaré que en México todo era posible, que todo dependía de lo que estuvieran dispuestos a pagar por el trabajo. Fue entonces cuando nos notificó que se trataba de secuestrar al doctor Humberto Álvarez Machain —quien habría estado presente en la casa de Lope de Vega, el día del asesinato de Camarena— sin que se dieran cuenta las autoridades mexicanas. Que lo debíamos traer a Estados Unidos para enjuiciarlo.

Le comenté a Lawn que eso estaba muy fácil, que yo me había imaginado que el trabajo sería algo más difícil, que tal vez estaban planeando secuestrar a un subsecretario o secretario de Estado. "Lo de Álvarez Machain es una rebanada de pastel", presumí.

El administrador de la DEA nos explicó que Álvarez Machain era un monstruo porque ayudó a que sobreviviera Camarena a las torturas a las que fue sometido, y que este doctor (*ginecólogo*) era el objetivo de la operación.

En las oficinas centrales de la DEA Lawn nos explicó que el sacar a un mexicano de su país de esa manera se iba a provocar un problema internacional muy grande, por eso la operación tenía que ser "absolutamente secreta".

"Tengo órdenes muy estrictas de que ninguno de los agentes de la DEA que están en México se debe enterar. Nadie, nadie tiene que saberlo, tiene que ser una operación totalmente secreta", nos insistió el jefe y volvió a preguntar si la operación se podría realizar sin que se enteraran los agentes de la DEA.

La respuesta fue que sí. Entonces Lawn me advirtió: "Mira, Héctor, cuando la prensa se entere de este caso, el gobierno de México va a protestar y de seguro su reacción será muy severa, porque estamos violando su soberanía y los estatutos de los acuerdos de extradición".

Por encima de todos esos escenarios, Lawn nos dejó en claro que el secuestro de Álvarez Machain tendría que llevarse a cabo por una simple razón: "Las órdenes vienen de muy arriba y ni siquiera tengo que mencionarte a qué nivel me refiero", nos dijo Lawn. Era obvio que él sabía que tanto Kehl como yo entendíamos que se refería a la Casa Blanca y al Departamento de Justicia. Lawn aseveró: "Tú no te tienes que preocuparte por nada, tenemos la luz verde; ¿qué es lo que vas a necesitar?" "Sólo dinero", le contesté. "¿Cuánto?" "Eso no lo sé, tengo que hablar con los contactos para ver cuánto me van a cobrar, pero esto seguramente será algo caro, creo que incluso puede llegar a costar medio millón de dólares."

"Ok, no hay problema, lo que se necesite." "¿A quién le tengo que reportar de esta operación?" "A mí, solamente al administrador de la DEA. Se trata de una operación que a partir de este momento está clasificada como *top secret*. Nadie se debe enterar de esto."

Berrellez sostiene que en este momento él no sabía que en la misma Casa Blanca ni siquiera el vicepresidente Dan Quayle había sido informado sobre la operación, que sólo lo sabían el presidente George H. W. Bush y sus asesores más cercanos.

Kehl y yo nos regresamos a Los Ángeles y empecé a buscar en México a la gente adecuada para la operación. Hablé con varios generales, comandantes de la policía federal, a quienes les propuse el plan para que se aventaran el tiro, que era agarrarlo y traerlo. Tanto los generales como los comandantes me dijeron que no, que porque iba a ser un problema muy grande en México. Uno de los generales con quienes hablé fue Jesús Gutiérrez Rebollo; me dijo que ese asunto era muy peligroso. Hablé con el comandante Jorge Castillo del Rey, de la policía federal, y también él se negó a ayudarme.

Ante esta situación me puse a conseguir a ex militares y a ex policías, pero no de alto rango, sino a policías o ex militares comunes y corrientes. Contacté a un ex jefe de aduanas de México [que] ya se había jubilado, Ignacio *Nacho* Barragán […] tenía contactos muy altos porque era sobrino del general Marcelino García Barragán, ex gobernador de Jalisco y ex secretario de la Defensa Nacional.

Barragán me dijo que sí, que él me iba a conseguir a la gente. Cuando me respondió esto, al día siguiente me fui a Ciudad Juárez [Chihuahua] para hablar directamente con él […] fui varias veces para explicarle y dejarle muy clarito que se trataba de una operación totalmente secreta, de la que nadie se tenía que enterar y que por eso se le iba a remunerar muy bien. Nacho me prometió la más absoluta discreción, me dijo que contaba con gente de mucha confianza, que reclutaría a policías y a militares para hacer el trabajo.

En una de esas visitas que realice a Juárez, nos pusimos de acuerdo para definir un código especial para cuando habláramos por teléfono sobre las personas que secuestrarían a Álvarez Machain; quedamos que les llamaríamos *los Gansos Salvajes*. Le dejé dinero, le dije que los armara muy bien y que hiciera todo lo que tuviera que hacer, pero que me pusiera a Álvarez Machain al otro lado de la frontera norte de México.

Como a las dos semanas de que establecimos el código, Nacho me llamó por teléfono para decirme: "Ya tengo a los Gansos". Le advertí que no quería verlos ni conocerlos, ni que él les dijera quién era yo ni para quién estaban trabajando. "Órdenes de Washington": ellos no tienen que saber quién soy yo.

Una vez que Nacho organizó bien el grupo, le recordé que tenía que ser […] efectivo. Le comenté que la misión era muy arriesgada, que tenía que partirse la madre con quien fuera en caso […] necesario. Me pidió 250 mil dólares. Acepté de inmediato y la instrucción fue que me informara cuando iniciara el trabajo.

Días después me habló para darme más detalles. Me explicó que todo el grupo estaba compuesto por ex militares y ex policías; que todos tenían experiencia; que estaban armados y que portaban credenciales oficiales; que tenían manera de moverse y de operar sin provocar sospechas.

Hablé con Lawn a Washington para informarle que la operación ya estaba en marcha. Después de [hacerlo] le llamé a Barragán para darle la orden de reportarme todos los días los detalles y el curso de la operación.

A partir de ese momento se le empezó a vigilar muy de cerca al doctor Álvarez Machain. Debíamos conocer todos sus hábitos y sus rutinas para así determinar la mejor manera de agarrarlo […]

se cuidaba mucho, él ya sabía que la DEA andaba tras de él. Sólo se movía de su casa al consultorio y del consultorio a su casa. Ya no iba a los clubes nocturnos como antes.

Lo tuvieron bajo vigilancia como un mes, lo seguían las 24 horas del día. Barragán me informaba que el secuestro iba a ser muy difícil porque el médico no tenía un horario específico para ir a su consultorio en Guadalajara [que] estaba dentro de una clínica de ginecología, pero además en esa clínica había otros médicos, lo que complicaba más las cosas.

En uno de los reportes que hizo Barragán me dijo que a Álvarez Machain "le gustaban mucho las viejas". Nacho propuso reclutar a unas muchachas bonitas para engañarlo. La idea [era] que las muchachas se hicieran pasar como pacientes y, una vez que les tomara confianza, le pondríamos una trampa para capturarlo. Nacho aseguró que dentro de la clínica era el lugar más fácil y seguro para agarrarlo.

Le autoricé lo de las muchachas, pero le aclaré que hiciera todo lo posible por evitar una balacera o un escándalo del que se pudieran dar cuenta las autoridades de Guadalajara. Sobre todo, le advertí que no quería que hubiera muertos, porque los Gansos andaban muy armados. El grupo estaba integrado por 12 elementos, gente muy profesional que ya sabía exactamente todo lo de Álvarez Machain.

Se contrató a dos mujeres que tenían una cara muy bonita y un cuerpo escultural. Ellas comenzaron a ir a la clínica a pedir cita exclusivamente con el doctor Álvarez Machain, de quien dijeron se los había recomendado una conocida y que querían que él fuera su ginecólogo exclusivo. La primera ocasión que fueron a la clínica, Álvarez Machain no estaba, pero hablaron con su secretaria, quien les dio una cita.

Las dos chamacas no sabían nada de lo que se trataba […] pensaban que las habían contratado unos amigos del doctor para que el tipo se pasara un rato agradable con ellas. Cuando Álvarez Machain se enteró de cómo eran físicamente las dos mujeres que pidieron cita exclusiva con él, las aceptó inmediatamente como pacientes.

Mientras esto se desarrollaba en México, el 23 de marzo de 1990 Lawn dejó el puesto de administrador de la DEA, en cuyo lugar fue nombrado, como [...] administrador interino, Terrence Burke.

A las dos jóvenes que sin saberlo formaban parte del operativo para secuestrar al ginecólogo, la secretaria de Álvarez Machain les dio cita para el miércoles 2 de abril.

Una vez que Nacho me dio la fecha del día en que se realizaría el operativo, aquí en Estados Unidos empecé a preparar todo. Lo primero que hicimos fue enviarle a las muchachas un monedero que tenía un dispositivo especial. Cuando una de las muchachas estuviera siendo revisada por Álvarez Machain, la otra tendría que abrir el monedero y con eso se enviaría la señal a los Gansos, que entrarían a la clínica para agarrar al doctor.

Ese miércoles, el día de la cita, los Gansos colocaron tres autos para bloquear las entradas de la calle donde se encontraba la clínica [...] llevaban las credenciales oficiales para sacarlas en caso de que llegara la policía municipal de Guadalajara, mientras otro grupo se llevaba al doctor.

Las muchachas entraron en el consultorio, y mientras Álvarez Machain revisaba a una de ellas, la otra abrió el monedero. Al recibir la señal, los Gansos entraron a la clínica y agarraron al médico. Uno de los doctores que también trabajaba en la clínica se puso bravo y los Gansos tuvieron que golpearlo.

Sin más problemas, sacaron a Álvarez Machain de la clínica y lo subieron a uno de los autos, mientras los otros dos lo escoltaban. Barragán ya había contratado a un piloto, quien con una avioneta los estaba esperando en una pista clandestina en un lugar a las afueras de Guadalajara.

Llegaron los Gansos con Álvarez Machain a la pista, lo subieron a la avioneta y cuando despegaron, me dijo Barragán que ya venía en camino mi regalo. En el avión, como luego me informó Nacho, Álvarez Machain dijo a sus captores que ya sabía que lo iban a arrestar, pero quiso saber a dónde lo llevaban, aunque les aclaró que [...] sabía que lo iban a llevar a la PGR, en la Ciudad de México. Le dijeron que sí, pero cuando se dio cuenta de que volaban hacia el norte se puso muy nervioso. Los Gansos lo calmaron.

El vuelo de Guadalajara a El Paso, Texas, duró 3 horas y media. Nacho sabía que debían usar una avioneta con capacidad de vuelo sin tener que parar a reabastecerse de combustible.

Por la mañana de ese miércoles 2 de abril, Berrellez llegó de Los Ángeles, California, a El Paso, acompañado por los agentes Dalberto Salazar y Mario Martínez, integrantes del equipo de la Operación Leyenda. En la oficina de la DEA en El Paso, ya habían puesto a su disposición a otros cinco agentes antinarcóticos.

En la avioneta procedente de Guadalajara iba Álvarez Machain, el piloto y cinco de los Gansos Salvajes.

Al llegar a El Paso hablé con la gente de Aduanas, de Inmigración y de la Agencia Federal de Aviación [FAA, por sus siglas en inglés] para que dieran la orden de que dejaran bajar la avioneta y para que le permitieran regresar sin hacer ningún trámite.

No existía un plan de vuelo, venía sin permiso, sin nada, era un vuelo clandestino, o ilegal, pues. Lo único que les dije es que se trataba de una avioneta con matrícula mexicana y que no les podía dar más detalles porque se trataba de una operación confidencial ordenada al más alto nivel del gobierno federal.

En El Paso me negaron todo, aunque les advertí que se iba a hacer todo como yo lo pedía. La gente no tenía idea de lo que se trataba, pero yo no tenía por qué explicarle. Me comuniqué por teléfono con Burke para pedirle su intervención para que dejaran aterrizar y despegar la avioneta sin que nadie la revisara y ni se acercara a ella.

A Burke le advertí que los tripulantes no traían documentos personales, ni pasaporte ni nada, y que además venían armados porque traían secuestrado a Álvarez Machain, tal y como lo habían ordenado en Washington antes de que él asumiera el puesto.

Me respondió que no me preocupara, que él en Washington se encargaría de todo lo que le pedía, que le darían la orden a la gente de El Paso para que cuando llegara la avioneta la dejaran bajar y regresar sin acercarse a ella. Todo se arregló y la gente en El Paso se quedó callada, aunque estaban muy enojados; a la DEA las otras agencias federales no la quieren mucho.

Actualicé a Nacho de todo, él se comunicó por radio con la gente que iba en la avioneta para decirles que todo estaba en orden. Llega la avioneta, aterriza y el piloto no apaga el motor. De pronto abren la puerta de la avioneta y veo cómo de una patada tiran a la pista a Álvarez Machain.

Inmediatamente después de tirar al médico, la avioneta despegó y salió de regreso a México; ni siquiera pudimos ver físicamente a la gente que lo trajo a Estados Unidos. Corrimos hacia donde estaba tirado Álvarez Machain y al tenerlo de frente le dije: "Soy Héctor Berrellez de la DEA y te estoy arrestando por homicidio". No venía amarrado, me quiso dar la mano pero no se la di. Le dije que sus manos traían sangre de *Kiki* Camarena, lo quise esposar pero estaba tan grande que las esposas de metal no le quedaban. Le pusimos las tiras, de ésas de plástico con dientes que se usan para sellar paquetes [Flexi Caps]. Álvarez Machain es un hombre muy alto y fuerte, sabíamos que practicaba lucha grecorromana. Cuando llegó a El Paso, pesaba como unos 150 kilogramos.

Después de esposarlo lo llevamos directamente a la oficina de la DEA en El Paso. Antes de interrogarlo, hice que le tomaran fotos

164

de pies a cabeza y que le tomaran video de todo el cuerpo. Se le tomaron como unas 50 fotografías. Eso se hizo para probar que no venía torturado y que no lo habían golpeado.

Luego de la sesión de fotos y del video y de la toma de las huellas digitales le tomamos una declaración. Le pregunté que si había estado en el cuarto de la casa de Lope de Vega cuando *Kiki* estaba agonizando.

Me respondió que sí, que él estuvo ahí, que había ido a salvarle la vida. "Pero no se la salvaste." "Señor, es que no pude porque no me dejaron, la gente de la DFS que lo tenía ahí no me dejó llevarlo a un hospital. Camarena estaba muy mal y yo traté de darle auxilios, pero no tenía el equipo necesario para salvarlo, necesitaba llevarlo a un hospital." "Tú lo torturaste." "Yo no lo torturé." "Niega todo lo que quieras, sabemos que inyectaste a Camarena para que sobreviviera a las torturas para que lo pudieran seguir golpeando."

Narra Berrellez que inmediatamente después de que le hizo notar esto, Álvarez Machain empezó a decir que se sentía mal, que sentía que le iba a dar un paro cardiaco. Continúa:

Le informé que lo llevaríamos a un hospital, pero que antes tenía que firmarme una declaración por escrito en la que admitía que [...] estuvo en la casa de Lope de Vega donde torturaron a Camarena, que vio a *Kiki* Camarena, que lo inyectó para mantenerlo vivo.

Yo sabía que, firmada esa declaración, Álvarez Machain estaba perdido, eso era suficiente para que los fiscales lo acusaran de haber participado en el homicidio y sería sentenciado como un cómplice del asesinato de Camarena.

Firmó la declaración y lo llevamos a un hospital en El Paso. Lo atendió un médico bajo la custodia de nosotros; no lo dejamos nunca solo. El médico lo sometió a todos los exámenes necesarios y nos dijo que estaba fingiendo. "Él es médico y sabe fingir los síntomas de un problema cardiaco, está bien, regrésenlo a la prisión", nos aseguró el doctor en El Paso.

Le pedimos al médico que firmara un documento en el cual sustentaba que Álvarez Machain estaba bien de salud y que fingió los malestares. Yo no quería que después se me muriera y a mí me acusaran de negligencia por no llevarlo a que lo revisaran en un hospital. El doctor nos entregó un certificado firmado, y en éste hicimos notas de que el doctor hablaba español, para que Álvarez Machain no fuera a decir que lo habíamos engañado.

Del hospital lo trasladamos a un centro de detención a cargo del US Marshalls, y ahí lo dejamos. Y nos regresamos a Los Ángeles. Cuando iniciara el juicio, los marshalls lo llevarían a Los Ángeles.

De vuelta en Los Ángeles, mandé el informe a Washington y le entregué también el reporte a los fiscales Manuel, *Manny*, Medrano y John Carlton. Pasamos varias horas con los fiscales explicándoles cómo estuvo y qué dijo Álvarez Machain. [Éstos] reconocieron que procedí bien. Anotaron que con eso bastaba y sobraba para procesarlo, porque además ya teníamos testigos protegidos que en el juicio lo identificarían como una de las personas que estuvo presente en la casa de Lope de Vega donde torturaron a Camarena.

De entre las evidencias que recogimos en la casa de Lope de Vega, teníamos bolsas de plástico con las huellas digitales de Álvarez Machain. Ante estas pruebas no podría defenderse ni negar su presencia en la casa ante el juez. Teníamos todo para incriminarlo.

En esos momentos, y para mantener todo como *top secret*, enviaba mis informes de Los Ángeles a Washington por medio de teletipos seguros, nada de esto se reflejaba en los reportes de investigación de la DEA, a los cuales muchos agentes y personal en Washington tienen acceso. Todo era por medio de teletipos seguros, con los que se elaboran los documentos clasificados como *top secret*.

Una semana después de que los Gansos Salvajes llevaran al ginecólogo mexicano a El Paso, Álvarez Machain fue presentado ante el juez federal Edward Rafeedie en la corte federal en Los Ángeles. El magistrado le leyó los cargos que se le imputaban por el secuestro, la tortura y el asesinato de Enrique Camarena.

Álvarez Machain, cuando se vio en la sala del juez federal estadounidense y captó la presencia de reporteros, empezó a gritar que lo habían secuestrado los agentes de la DEA, que lo habían torturado, que le dieron toques eléctricos y que le habían quemado los pies para que firmara una declaración.

Al día siguiente la prensa dio a conocer el escándalo y con ello se inició una de las peores crisis en la historia de la relación bilateral México-Estados Unidos.

Frank Shults, reportero de *The Washington Times*, destacó en su nota que al doctor mexicano se le secuestró en México por medio de una operación a cargo de un agente indisciplinado de la DEA que no contaba con la autorización de sus jefes en la capital de Estados Unidos.

El 8 de abril de 1990 el gobierno de México envió una nota diplomática al Departamento de Estado solicitando información sobre la participación de agentes de la DEA en el secuestro de Álvarez Machain. El 16 de mayo de ese mismo año, en otra nota diplomática, el gobierno de México denunció la violación del tratado de extradición por parte de Estados Unidos y pidió el regreso de Álvarez Machain. En una tercera nota, emitida el 19 de junio de 1990, el gobierno de México formalizó ante el de Estados Unidos la solicitud de extradición de Héctor Berrellez por el secuestro del médico ginecólogo en Guadalajara. A raíz de éste, en México se desató una gran cacería de brujas. Las autoridades mexicanas querían capturar a los cómplices de Berrellez. A todos los Gansos, y a las dos mujeres que le pusieron la trampa a Álvarez Machain; pero el gobierno de Estados Unidos los acogió en su programa de testigos protegidos. Miembros de la Policía Judicial Federal ubicaron al piloto y lo mataron. Berrellez dice que el reporte que recibió la DEA al respecto señala que su muerte sucedió durante las calentadas que le dieron los policías federales.

De acuerdo con la crónica de los hechos que hace el ex supervisor de la Operación Leyenda, la DEA también le ofreció protección a Ignacio Barragán; en un principio el ex agente aduanero la aceptó, estuvo algunos meses en el estado de California, pero luego regresó a Ciudad Juárez asegurando que a él no le harían nada, que, al contrario, por ser quien era y pariente de quien era, no lo iban a tocar. El 8 de agosto de 1991 Nacho Barragán fue asesinado en el centro comercial Coloso Valle, en El Paso. La prensa local reportó que el homicidio había sido el resultado de un ajuste de cuentas entre narcotraficantes.

El martes 16 de diciembre de 1992, luego de una extensa y desgastada disputa internacional entre los gobiernos de México y Estados Unidos, Humberto Álvarez Machain regresó a territorio mexicano como resultado del fallo del juez Rafeedie a favor de la demanda por la violación al tratado de extradición.

16

Siempre fue la CIA

De acuerdo con los cálculos de Héctor Berrellez, el gobierno de Estados Unidos tiene catalogada más de 80% de la información recopilada por la Operación Leyenda como "clasificada, por interés de garantizar la seguridad nacional".

Berrellez, ex supervisor de la investigación del caso Camarena, estima que la determinación de "clasificar" los documentos que él elaboró se debe en buena medida a que el caso no está cerrado, menos ahora que Caro Quintero salió de la cárcel y que nuevamente es prófugo de la justicia mexicana. "También —comenta— porque hay como 15 personas más que estuvieron involucradas a las que no se ha capturado."

El ex agente de la Administración Federal Antidrogas (DEA) considera asimismo que una gran parte de los documentos recopilados en la Operación Leyenda jamás saldrá a la luz pública —el Departamento de Justicia de Estados Unidos etiquetó centenares de éstos como *top secret* y los archivó como "riesgosos para la seguridad nacional"—, por razón de que refieren, primero, la participación indirecta de la CIA en el secuestro, tortura y asesinato del agente antinarcóticos de Estados Unidos en Guadalajara, y, segundo, su involucramiento tanto con el narcotráfico y políticos mexicanos que colaboraban con Rafael Caro Quintero y Ernesto Fonseca Carrillo, entre otros, como con las guerrillas centroamericanas.

El ex supervisor de dicha operación entregó para beneficio de este libro uno de los pocos documentos "clasificados", estampado con el sello de *top secret*. Fechado el 13 de febrero de 1990, consigna las declaraciones que Berrellez y otro agente de la DEA, Wayne Schmidt, tomaron a un personaje que estuvo implicado en los casos que describe esta investigación. Aunque el nombre del declarante está velado con tinta negra, Berrellez, ya sin ningún tapujo ni temor a una demanda o repercusiones por parte de su mismo gobierno, revela que se trata de Victor Lawrence Harrison, un subcontratista y operador de la CIA en México que en la década de los ochenta colaboraba con el cártel de Guadalajara y con la desaparecida Dirección Federal de Seguridad (DFS). "Lo sacamos de México y lo regresamos a Estados Unidos —coincide Berrellez— para que cooperara con la DEA en la investigación del homicidio de *Kiki* Camarena".

El legajo, que forma parte de la investigación del caso Camarena bajo la Operación Leyenda, que Berrellez supervisaba cuando la DEA recibió a Harrison en Estados Unidos, desvela una red de complicidades entre la CIA y políticos mexicanos, e incluso un traficante de armas alemán, todos presuntamente vinculados con el cártel de Guadalajara que dirigía Rafael Caro Quintero y también con el asesinato del periodista mexicano Manuel Buendía Téllez Girón.

"Entre 1981 y 1984, Buendía Téllez Girón recibió información de parte de otro periodista, de apellido Velasco, de que en Veracruz guerrillas guatemaltecas estaban siendo entrenadas en un rancho que pertenecía a Rafael Caro Quintero", se lee en uno de los párrafos de la primera de cuatro páginas del expediente secreto. "Las operaciones/entrenamiento en el campo [rancho] eran dirigidas por la CIA, utilizando a la DFS para encubrirse." En otra parte se da noticia de que "Harrison reportó que representantes de la DFS, quienes eran los encubridores y frente [de la CIA] para el campo de entrenamiento, operaban en colaboración directa con los capos del narcotráfico para garantizar el flujo de drogas por México para que pudieran llegar a los Estados Unidos".

Harrison contó a los dos agentes de la DEA que la CIA introducía armas a México por medio del entonces famoso traficante de armas alemán Gerhard Mertins para desde ahí enviarlas a la contra nicaragüense, amén de entrenar a guerrilleros en el estado de Veracruz. Para cubrir los costos, las avionetas que Mertins enviaba a Centroamérica con el armamento regresaban a México cargadas de cocaína colombiana que luego vendía al cártel de Guadalajara. Berrellez afirma que Harrison les insistió en el hecho de que la CIA ayudaba al cártel de Guadalajara a meter la cocaína y otras drogas a Estados Unidos en el conjunto del trasiego de narcóticos.

"Los pilotos de estos aviones [operados por la CIA] cargaban cocaína en Barranquilla, Colombia, para enviarla a Miami, Florida —sostiene el documento—. Para reabastecer combustible, los aviones paraban en México en pistas clandestinas del narcotráfico operadas y mantenidas por la CIA."

En referencia al caso del asesinato de Manuel Buendía Téllez Girón, ocurrido el 30 de mayo de 1984 en la Ciudad de México, Harrison les dijo a Berrellez y a Schmidt que podría estar ligado con el descubrimiento que hizo el periodista Velasco sobre el triángulo criminal CIA-Contras-narcotráfico. Este reportero veracruzano, al que asesinarían en 1985, "estaba presuntamente descubriendo la información de que la CIA estaba usando a la DFS como un frente para operar las pistas clandestinas donde los aviones cargados con armas paraban a reabastecer combustible para luego llevar el armamento a Honduras y Nicaragua", se destaca en el expediente.

Sin un orden cronológico de los acontecimientos, Harrison reveló a la DEA que Mertins trabajaba para la "familia Leaño", fundadores de la Universidad Autónoma de Guadalajara, la que "presuntamente controla una vasta y extensa plantación de mariguana en el área de Jalisco", matiza el documento elaborado por Berrellez y Schmidt con las declaraciones que les hizo el ex operador de la CIA en México, en el que también destacan, entre otros personajes del mundo de la política, los negocios y del Ejército de México: Rubén Zuno Arce, Manuel Bartlett Díaz, los hermanos Juan y Eduardo Aviña Batis, priístas jaliscienses, el general Vinicio Santoyo Feria y el abogado Everardo Rojas Contreras.

El expediente expone que "Buendía llevó a cabo una investigación sobre la colusión que existía entre Manuel Bartlett Díaz, ex secretario de Gobernación [...] Miguel Aldana Ibarra, ex comandante de la Policía Judicial Federal, y Manuel Ibarra Herrera, ex director de la DFS, quienes eran consortes de los narcotraficantes". También hace otra referencia a Bartlett Díaz cuando aborda nuevamente el caso del asesinato de Buendía: se explica "que colegas" del periodista, a quienes no identifica por nombre, fueron contactados por agentes enviados por Edward Heath, en esos años jefe de la DEA en México. Los agentes de la DEA "físicamente" le enseñaron un documento que la DFS extrajo de su oficina el día que asesinaron a Buendía.

"No hubo una explicación por parte de los agentes de la DEA sobre la forma en que [lo] obtuvieron [...] los colegas de Buendía Téllez Girón dijeron que [...] era genuino", se señala en una parte del expediente *top secret*, para luego, en el siguiente párrafo, establecer que aquéllos "hicieron la observación de que al documento se le había agregado información implicando a Bartlett Díaz con el tráfico de armas de la CIA y con los narcotraficantes".

Berrellez reconoce que lo que declaró Harrison eran rumores que la DEA ya había recopilado durante la investigación del homicidio de Camarena, y recuerda que para cerciorarse de la veracidad de lo que Harrison decía envió a éste a Washington para que le aplicaran la prueba del polígrafo. "Durante tres días consecutivos fue sometido a [éste] y pasó todas las pruebas", dice Berrellez. Se le practicaron todavía más a su regreso de Washington a Los Ángeles, California, donde estaba el cuartel general de la Operación Leyenda. Berrellez relata que solicitó el apoyo del Buró Federal de Investigaciones (FBI) para analizar la identidad de Harrison por medio del Centro Nacional de Información Criminal del FBI (NCIC, por sus siglas en inglés). Agrega:

"Le tomaron las huellas digitales y cuando le preguntaron su nombre dijo que la CIA le había cambiado el nombre. Nos aseguró que el [...] que le dio la CIA fue el de George Marshall Davis, pero que también era Victor Lawrence Harrison."

La DEA le advirtió a Harrison que si estaba mintiendo y lo comprobaba el NCIC, sería sentenciado a cinco años de cárcel.

"La NCIC —matiza Berrellez— comprobó que el individuo era Harrison y al mismo tiempo Davis. La CIA hizo con él un gran trabajo."

El expediente señala al general Santoyo Feria, entonces jefe de la 15ª Zona Militar en Guadalajara, por su presunta relación con los capos del cártel de Guadalajara que remplazaron a Caro Quintero y Fonseca Carrillo. Abunda el documento:

"Everardo Rojas Contreras es un abogado que hizo un extenso trabajo legal para Caro Quintero y Fonseca Carrillo. En los últimos tres años, Rojas Contreras ha fungido como asistente del general Vinicio Santoyo Feria para la administración y compra de propiedades con grandes sumas de dinero cuyo origen es inexplicable."

Una de las propiedades que este abogado adquirió para el general Santoyo Feria, según el documento, es un rancho en Puerto Vallarta que se ubica junto a una propiedad que pertenecía al cantante Víctor Yturbe, *el Pirulí*. Harrison le declaró a Berrellez y Schmidt que este cantante mexicano, "en el ultimo año o año y medio", se había asociado con gángsters en el área de Puerto Vallarta, lo que consta en el documento, así como que "El rancho adquirido para Santoyo Feria costó 600 mil dólares, [cantidad] que representa una porción del dinero con el que Santoyo Feria extorsionó a Miguel Ángel Félix Gallardo y a Manuel Salcido Uzeta, *el Cochiloco*, cuando fueron arrestados el 7 de noviembre de 1988 en Guadalajara por elementos que comanda el general".

Entre las experiencias de Berrellez cuando estuvo al frente de la Operación Leyenda, el reclutamiento de Harrison como informante de la DEA para el caso Camarena sigue siendo uno de los episodios que recuerda más vívidamente:

"Fue en 1990 cuando varios de los informantes que teníamos en México me aseguran que había un americano que trabajaba con la DFS, con la CIA y con los narcos —afirmó Berrellez—. Desde el momento que me lo dijeron decidí hacer todo lo que fuera necesario para reclutarlo.

"Mandé a México a informantes que ya tenía y que estaban en California para que buscaran en Guadalajara a Harrison. También desplacé a varios agentes de la DEA que formaban parte de la Operación Leyenda. "Prométanle todo lo que le tengan que prometer, pero antes, cuando lo localicen, me lo ponen al teléfono", les ordené a los agentes y a los informantes.

"En Guadalajara, los agentes que mandé de Los Ángeles se reunieron con Sam Herrera, un agente que ya estaba allá. Localizan a Harrison y lo citan en el hotel Laffayette. No sé cómo, pero la oficina de la DEA en México se entera y manda a Guadalajara una contraorden a Herrera[:] que no permita que a Harrison lo interroguen los agentes de la Operación Leyenda hasta que no llegue de la Ciudad de México el agente Dale Steinson.

"Estando en el hotel esperando a Steinson, mis agentes no hablan mucho con Harrison, porque tienen la orden de no hablar

174

con él. Se comunican conmigo para decirme que ya estaban en el hotel, y pedí que me comunicaran a Harrison, pero Herrera no lo permite, cumpliendo con las órdenes de los jefes en México."

Al llegar Steinson, le pide a los agentes de la Operación Leyenda y a Herrera que lo dejen cinco minutos a solas con Harrison.

Concluida la reunión con Harrison, Steinson los llama y delante de ellos le pregunta a Harrison que les diga su decisión sobre si estaba dispuesto a cooperar. Harrison dice que no, que decidió que no se haría informante de la DEA.

A la pregunta de los agentes de la Operación Leyenda sobre las razones por las que cambió de opinión, Harrison respondió que por su seguridad personal: que era muy peligroso para él que se pusiera a hablar con la DEA. Se salió del hotel y se fue.

"Me hablan por teléfono mis agentes junto con Herrera —continúa Berrellez— y me cuentan lo que ocurrió, pero Herrera me explica que algo había pasado, que hubo una situación muy extraña."

"Más tarde, Herrera me [describe] desde un teléfono seguro que hasta antes de que se reuniera a solas con Steinson, Harrison estaba dispuesto a cooperar pero que cambió de opinión al concluir la sesión a solas con el enviado de la DEA de la Ciudad de México.

"Herrera me repitió varias veces en esa llamada de teléfono que Harrison les había dicho que estaba dispuesto a convertirse en un testigo protegido del caso Camarena, y que para ello pedía que lo trasladaran a Estados Unidos.

"Pasó un tiempo prudente, durante el cual Harrison ya se había ido de Guadalajara; mis informantes sabían dónde estaba: se fue a vivir a una población indígena en el estado de Oaxaca.

"Más o menos un mes después de la reunión frustrada en el hotel Laffayette, Herrera se va con mis agentes: Viajaron a Oaxaca a ver a Harrison. En la reunión que sostuvieron con él, les cuenta que en Guadalajara tuvo que decir que no porque Steinson se lo ordenó. Les aseguró que el agente de la DEA enviado de México era también un operador de la CIA, en otras palabras, era un doble agente. "Steinson me dijo que no cooperara, que si lo hacía pondría en riesgo mi vida", declaró después en Los Ángeles. Harrison estaba confundido [...] no entendía la posición del gobierno de Estados Unidos, [que] por un lado le pedía que cooperara y por el otro le exigía hacer lo contrario."

"Steinson es un compañero mío de la CIA", afirmó Harrison, cuya declaración está archivada en otro de los expedientes de la Operación Leyenda. Por su parte, Herrera le explicó la confusión. Harrison sostuvo con Berrellez una reunión "en secreto" para esclarecerle la situación del caso y el involucramiento de la CIA con el narcotráfico en Guadalajara.

Este hombre declaró que cuando llegó a México la CIA lo reclutó exclusivamente para que ayudara a la DFS a "identificar a los estudiantes idealistas, a grupos izquierdistas", y que para eso trabajó como profesor de inglés en la Universidad Autónoma de Guadalajara. "A todos los que identifiqué los mataron", pero me quedé en México y después la CIA me utilizó para trabajar con la DFS en el tema del narcotráfico. "Ellos se chingaron también a Buendía, es decir, la CIA y la DFS", enfatizó Harrison.

"El traslado de Harrison de Oaxaca a Estados Unidos se hizo en automóvil —dice Berrellez—. El plan era llevarlo a una pista clandestina en esa zona, a donde llegaría un avión enviado por la DEA para que lo recogiera. Pero, la mala suerte: la avioneta se estrelló contra una casa en una población en la sierra.

"Los agentes de la DEA en la oficina regional de Hermosillo, Sonora, llevaron a Harrison a la garita fronteriza entre Nogales, Sonora, y Nogales, Arizona. Lo quisieron pasar, pero el personal del Servicio de Inmigración y Naturalización (INS, por sus siglas en inglés) no lo permitió. La razón es que Harrison se negó a identificarse. No quería que se filtrara la información de que ya estaba en Estados Unidos.

"Llamé por teléfono al supervisor del Servicio de Inmigración en Nogales, pero no sirvió de nada, no lo querían dejar pasar. Entonces llamé al fiscal federal *Manny* Medrano para pedirle que hablara con el Departamento de Justicia en Washington. El fiscal logró que a Harrison lo dejaran entrar sin presentar documentos y sin siquiera decir cómo se llamaba", remata Berrellez.

A su llegada a Los Ángeles, Harrison le declaró al agente lo que contiene el documento *top secret* descrito al inicio de este capítulo.

¿Cuánto le costó a la DEA *reclutar como testigo protegido a Harrison?* —le pregunto a Berrellez.

En dinero, casi nada; se hizo un arreglo para que el Departamento de Justicia no le fincara ningún cargo por el caso Camarena. El gobierno federal se comprometió también a pagarle todos sus gastos de estancia en Los Ángeles.

"Harrison percibía 3 mil dólares mensuales por parte de la DEA; con ese dinero pagaba la renta del lugar donde vivía y sus comidas. Sólo permaneció cinco años como testigo protegido. Estuvo en un hotel como un año y después vivió en una casa de seguridad. Antes de abandonar el programa de testigos protegidos, dijo que en la DEA la CIA tenía infiltrados a varios de sus agentes. Entre los nombres que mencionó salió el de Nick Zapata; él estuvo como agente de la DEA en Mazatlán, Sinaloa, de 1987 a 1990 —afirma Héctor Berrellez—: la inclusión de Harrison como testigo protegido de la DEA fue como la explosión de una bomba dentro del Departamento de Justicia. A partir de ese momento, todos los informes generados de la investigación de la Operación Leyenda se clasificaron como secretos.

"Al hacer esto, a mí y a otros colegas de la DEA nos generaron más desconfianza de parte de nuestros jefes en Washington. Entendimos por qué en la DEA la investigación de Estados Unidos sobre el asesinato de Camarena no había rendido muchos frutos. Teníamos gente infiltrada […] que estaba bloqueando el proceso, querían evitar el reclutamiento de testigos clave para el caso, como Harrison.

"Fueron tantas las limitaciones que se aplicaron —remata Héctor Berrellez— que sólo a mí y a dos agentes más nos permitían manejar la relación con los testigos protegidos. Muchos de los agentes, como Sal Leyva, por ejemplo, quien también fue integrante del equipo de la Operación Leyenda, nunca se enteró de muchas cosas. Nunca tuvo acceso a documentos que se enviaron a la DEA y al Departamento de Justicia en Washington, D. C."

Víctor Lawrence Harrison tiene poco más de 80 años edad. Vive en el estado de California, totalmente alejado de los asuntos policiacos y de los misterios y vericuetos de las agencias de espionaje de Estados Unidos.

Conclusión

El secuestro, tortura y asesinato de Camarena en 1985 fue un hecho fundamental en la historia criminal de México. Por el homicidio de un extranjero y la sed de vengarlo por parte de un país poderoso como lo es Estados Unidos, los mexicanos conocimos la red de corrupción por narcotráfico que corrompía, y que hasta el día de hoy sigue pudriendo las bases de las instituciones policiales, militares y gubernamentales de un México mancillado por la violencia.

Félix Gallardo, Caro Quintero, Fonseca Carrillo, *el Cochiloco* y *el Azul* fueron en los ochenta el símbolo de la impunidad y la tapa de una coladera de pestilencias políticas, sociales y económicas que les permitió adueñarse del país.

Conscientes de las debilidades de los políticos, policías y militares mexicanos ante el poder de los dólares, entidades como la CIA y la DEA aprovecharon esto para imponer sus caprichos en una sociedad mexicana que veía el problema de las drogas como una enfermedad que sólo afectaba a los estadounidenses.

La CIA en particular, para imponer sus políticas infrahumanas e imperialistas, penetró y corrompió las esferas más altas del poder en el México de esos años, hecho que nos impide afirmar con toda certeza que en la actualidad ya no lo hace.

A la CIA jamás le ha importado el problema desmesurado del consumo de drogas en Estados Unidos. Por encima de los estragos de la drogadicción en una sociedad como la estadounidense, compró voluntades de políticos débiles ante el dinero para, desde la misma ciudad de México, apoyar a un grupo de criminales asentados en Guadalajara, quienes a cambio de traficar drogas, indirectamente colaboraron con una guerra civil centroamericana, en la cual se perdieron decenas de miles de vidas y se cometieron los más abominables abusos a los derechos humanos.

La DEA, que en esos años era una agrupación de policías entrenados para contener el flujo de drogas al precio que fuera, se vio también afectada por la enfermedad de la corrupción.

Algunos de sus elementos como Camarena no lograron esquivar una realidad al descubrir que la CIA era copartícipe de un delito. Camarena intentó denunciarlo, pero se enfrentó a los intereses políticos de su país y eso le costó la vida. Manuel Buendía, con sus investigaciones periodísticas, podría ser la otra víctima de las actividades de la CIA y su relación con el cártel de Guadalajara de Caro Quintero, pero Washington jamás admitirá nada, mucho menos haber eliminado a uno de los suyos para ocultar una verdad y eludir un escándalo internacional.

La constitución de la pirámide de mando y la forma de operar del cártel de Guadalajara dejaron en claro que fueron el patrón y modelo a seguir de sus reemplazantes: los cárteles de Sinaloa, Golfo, Juárez, Tijuana, Beltrán Leyva, los Zetas, Familia Michoacana y Caballeros Templarios, por mencionar algunos.

Aprendices de jefe y artesanos del crimen y el horror, gente de la talla de Joaquín Guzmán Loera, Ismael Zambada García, Osiel Cárdenas Guillén, Juan García Abrego, los Arellano Félix y los Carrillo Fuentes, fueron creciendo al pie de las cenizas del cártel de Guadalajara y la siempre bien oculta sombra del *Azul*.

Sin perder el hilo del poder de la corrupción, en la última década del siglo pasado y en especial a partir de 2006, estos capos de capos impusieron su ley en México ante un gobierno opacado por su incapacidad para contenerlos y por el temor a las críticas de

Washington, que con la mayor penetración de agentes de la DEA en México a partir de lo ocurrido con Camarena, llegó a decir que el territorio mexicano era un "Estado fallido".

Obsesionados por adueñarse del país y del gobierno, figuras como *el Chapo* Guzmán exhibieron ante todo el mundo la corrupción y la incapacidad de las autoridades mexicanas; y con ello contribuyó —bajo el cobijo de la impunidad— a la muerte de más de 100 mil mexicanos, desde que inició este siglo hasta el día de hoy.

El Chapo Guzmán, la figura más destacable del narcotráfico mexicano en los medios de comunicación nacionales e internacionales, fue detenido de la manera más increíble el 22 de febrero de 2014. Su captura demostró que como en las monarquías, cuando se deja de ser útil o se afecta los intereses del reinado, el rey tiene que ser eliminado a como dé lugar. Un capo efectivo no debe llamar tanto la atención de las autoridades: ejemplos de esto hay muchos en Colombia y México.

Los narcotraficantes que reemplazaron a los fundadores del cártel de Guadalajara rompieron los cánones tradicionales que existían en las redes del crimen de las épocas más remotas. Los narcos atemorizaron a toda una nación indefensa con un gobierno corrupto, terco e inútil, y lograron imponer como marca registrada el miedo. El miedo de todo mexicano y ser humano a ser secuestrado, descuartizado o simplemente desaparecido.

Los nuevos narcotraficantes mexicanos perfeccionaron, al igual que los grupos terroristas internacionales, la imposición del terror por medio de las acciones más atroces y repugnantes en una sociedad. En paralelo, la nueva generación de narcotraficantes, con unos cuantos sobrevivientes de aquella época, afinaron al máximo las técnicas de corrupción.

Hasta que desaparece o es capturado un capo del narcotráfico nos enteramos, muchos años después de acontecido, de que tenía como escolta a policías o militares, con la anuencia gubernamental desde el ámbito local hasta el federal.

Ya han pasado casi tres décadas desde aquel asesinato que sacudió las telarañas de la corrupción por narcotráfico en México, pero no logró destruirlas. Ironías de la vida, pero el único "jefe" de aquel cártel de Guadalajara, que siguió operando el trasiego de drogas desde un trono, murió en su cama, víctima de una falla cardiaca. Juan José Esparragoza Moreno *el Azul* estuvo un tiempo en el Reclusorio Sur de la Ciudad de México, pero gracias a la corrupción judicial salió libre para después, junto al *Mayo* Zambada y *el Chapo* Guzmán, fundar y encumbrarse en el eje de mando del cártel de Sinaloa. Al *Azul* nunca le gustaron los reflectores, y le funcionó. *El Mayo*, con el arresto del *Chapo* y el deceso del *Azul*, se consolidó como el jefe absoluto de una de las organizaciones criminales más poderosas del mundo.

Pero lo del *Mayo* Zambada es consecuencia natural de las reglas del juego del crimen organizado. Lo grave es que por la astucia de los abogados, los huecos, lo obsoleto e inaudito del sistema judicial mexicano, el maestro del narcotráfico y perfeccionista del asesinato y la crueldad, Rafael Caro Quintero, esté libre.

Si fuera posible, quienes nos dedicamos a relatar y reportear los eventos diarios de una nación doliente como México ocuparíamos miles y miles de páginas para exhibir y demostrar que la corrupción y la impunidad siguen siendo el talón de Aquiles de los gobiernos mexicanos y de las agencias de espionaje y entidades antinarcóticos de Estados Unidos.

Washington, D. C., junio de 2014

Índice onomástico

La CIA, Camarena y Caro Quintero, de J. Jesús Esquivel
se terminó de imprimir en septiembre en
Drokerz Impresiones de México, S.A. de C.V.
Venado Nº 104, Col. Los Olivos, C.P. 13210,
México, D. F.